# 创新创业教育与就业指导

李春海　苗　晶　王青春　主编

北京工业大学出版社

图书在版编目（CIP）数据

创新创业教育与就业指导 / 李春海，苗晶，王青春
主编 . — 北京 ： 北京工业大学出版社，2020.12（2021.11 重印）
ISBN 978-7-5639-7794-9

Ⅰ . ①创… Ⅱ . ①李… ②苗… ③王… Ⅲ . ①创业－
职业教育－教材②就业－职业教育－教材 Ⅳ .
① G717.38

中国版本图书馆 CIP 数据核字（2020）第 268035 号

# 创新创业教育与就业指导
CHUANGXIN CHUANGYE JIAOYU YU JIUYE ZHIDAO

**主　　编**：李春海　苗　晶　王青春
**责任编辑**：吴秋明
**封面设计**：点墨轩阁
**出版发行**：北京工业大学出版社
　　　　　　（北京市朝阳区平乐园 100 号　邮编：100124）
　　　　　　010-67391722（传真）　bgdcbs@sina.com
**经销单位**：全国各地新华书店
**承印单位**：三河市腾飞印务有限公司
**开　　本**：787 毫米 ×1092 毫米　1/16
**印　　张**：11
**字　　数**：220 千字
**版　　次**：2020 年 12 月第 1 版
**印　　次**：2021 年 11 月第 2 次印刷
**标准书号**：ISBN 978-7-5639-7794-9
**定　　价**：39.80 元

# 前　言

　　近年来，全国职业院校毕业生就业人数总量压力继续加大，结构性矛盾十分突出，就业任务更加繁重。党中央、国务院高度重视职业院校毕业生的就业，要求坚持深入实施创新驱动发展战略，推进大众创业、万众创新，采取切实有效的措施，进一步做好职业院校毕业生就业工作。

　　创新创业能力是当代青年成长和成才的重要保证，学生是最具创新创业潜力的群体，开展创新创业教育，大力培养学生的创新创业能力是建立职业院校创新体系的关键性环节和基础性内容，对建设创新型国家起着积极作用。

　　教育部明确提出，职业院校要切实把就业指导课程建设纳入人才培养工作，将就业指导贯穿整个大学培养过程。从 2016 年起，所有职业院校都设置了创新创业教育课程，向全体学生开设创新创业教育必修课和选修课，纳入学分管理。

　　为满足职业院校就业指导课程和创新创业教育的教学要求，编者展开了多方调研，充分征求师生意见，结合实际编写了本书。本书针对毕业生在就业方面存在的问题，以讲授就业、创业及职业生涯规划理论知识为基础，以培养就业、创业及职业生涯规划能力为关键，以培养就业、创业及职业生涯规划精神为核心，宗旨是：让在校学生了解职业生涯规划的意义，确立职业理想，树立正确的职业观；让学生掌握职业生涯规划的方法和步骤，设计科学可行的职业生涯规划；让学生了解国家对学生就业的方针政策，树立正确的择业观念；让学生掌握求职技巧，在激烈的竞争中发挥优势，成功就业；培养学生的创新创业意识，开阔学生的视野，提升学生的创新创业能力，为国家创新驱动发展战略的实施做出应有的贡献。

# 目　录

上篇

创新创业

# 第一章　创新创业概述

## 第一节　创新创业基础知识

### 一、创新的定义、内涵与类型

#### （一）创新的定义与内涵

党的十八大以来，习近平总书记对创新发展提出了一系列重要思想和论断，把创新发展提高到事关国家和民族前途命运的高度，摆到了国家发展全局的核心位置。党的十八届五中全会提出"五大发展理念"，排在首位的就是"创新发展"。创新是引领发展的第一动力。

"创新是一个民族进步的灵魂，是一个国家兴旺发达的不竭动力，也是一个政党永葆生机的源泉。"这是江泽民同志总结 20 世纪世界各国政党，特别是中国共产党兴衰成败的历史经验和教训得出的科学结论。

近代以来，人类文明进步所取得的丰硕成果，主要得益于科学发现、技术创新和工程技术的不断进步，得益于科学技术应用于生产实践中形成的先进生产力，得益于近代启蒙运动所带来的人们思想观念的巨大解放。可以这样说，人类社会从低级到高级、从简单到复杂、从原始到现代的进化历程，就是一个不断创新的过程。不同民族发展的速度有快有慢，发展的阶段有先有后，发展的水平有高有低，究其原因，民族创新能力是一个决定因素。

1. 创新的定义

创新是指以现有的思维模式提出有别于常规或常人思路的见解，利用现有的知识和物质，在特定的环境中，本着理想化需要或为满足社会需求，而改进或创造新的事物、方法、元素、路径、环境，并取得一定有益效果的行为。

创新是人类特有的认识能力和实践能力，是人类主观能动性的高级表现，是推动民族进步和社会发展的不竭动力。一个民族要想走在时代前列，就一刻也不能没有创新思维，一刻也不能停止各种创新。创新在经济、技术、社会学及建筑学等领域的研究中有着举足轻重的作用。从本质上说，创新是创新思维蓝图的外化、物化。

20 世纪 80 年代以来，我国也开始了技术创新方面的研究，傅家骥先生对技术创新的定义是企业家抓住市场的潜在盈利机会，以获取商业利益为目标，重新组织生产条件和要素，建立起效能更强、效率更高和费用更低的生产经营方法，从而推出新的产品、新的生产（工艺）方法，开辟新的市场，获得新的原材料或半成品供给来源，或建立企业新的组织，它包括科技、组织、商业和金融等一系列活动的综合过程。此定义是从企业的角度出发给出的。彭玉冰、白国红也从企业的角度出发为技术创新下了定义："企业技术创新是企业家对生产要素、生产条件、生产组织进行重新组合，以建立效能更好、效率更高的新生产体系，获得更大利润的过程。"

进入21世纪，信息技术推动下知识社会的形成及其对技术创新的影响进一步被人们所认识，科学界对创新的认识有了进一步的反思：技术创新是一个科技、经济一体化的过程，是在技术进步与应用创新"双螺旋结构"共同作用下的产物，在知识社会条件下，以需求为导向、以人为本的创新2.0模式进一步得到人们的关注。

### 2. 创新的内涵

马克思主义经济学的根本在于劳动概念，而创新是劳动的基本形式，是劳动实践的阶段性发展。基于科学的人类进化、自我创造的发展学说的经济学思想，是来自人类自我内在矛盾的实践思想。劳动价值论是马克思主义经济学的核心，揭示了社会发展的本质变量。其在广义上是一切社会存在的基本决定要素。

创新劳动是劳动的阶段性发展，是对于同质劳动的超越。劳动的基本矛盾是生产工具与劳动力的矛盾，劳动力与生产工具的发展推动生产力整体的革命性进步。创新在人类历史上首先表现为个人行为，在近代实验科学发展起来后，创新在不同领域就不断成为一种集体性行为，但个人的独立实践对于前沿科学的发现及创新依然起到引领作用。创新的社会化推动社会生产力的整体进步。

人类创造自我的过程就是从发现、创新的质变到重复、积累的量变的过程。对自然及社会的发现是创新的前提条件。人类来自自然物质世界，以创新自我的物质形态为起源，对社会本身的发现与创造构成新的社会关系。在个人的发现及创新以各种信息系统传播开来形成社会化的大生产后，就形成以人为主导的生产力体系。这个体系主要是重复新的生产技术，同时积累财富与实践范畴。在某个时期表现为被新的劳动者发现新的领域及创新新的生产方式所超越，这是一个质变与量变交替发展的阶段。

创新行为的社会化与创新成果的社会化是相辅相成的。创新社会依赖创新成果的有效社会化。创新成果的有效社会化同时是创新劳动的社会价值实现，同时其创造了创新理念的社会化。从社会历史发展的过程看，创新的社会化的根本是创新劳动行为的社会化。创新行为的社会化与分工的社会化结合在一起形成了总体对于简单劳动的超越性发展。

在经济领域，创新是劳动的一个重要的阶段性成果，是生产力发展的阶段性标志。其是社会经济发展的前置因素，是形成规模性效益的源泉。创新与积累劳动形成经济发展的两大矛盾性劳动根源。创新的价值在于以新的生产方式重新配置生产要素而形成新的生产力，创造新形式的劳动成果或者更大规模的生产，在于创新成果社会化过程对于经济领域的路径选择或者创造新的路径。创新价值是个别主体的垄断价值到社会再生产的普遍价值转化的结果。

创新劳动的价值论在于创新成果的分配过程，分配又取决于所有制。从社会关系的发展史看，财富的流通过程就是形成社会各个主体间关系的直接路径。但社会财富的创造的分工才是根本的决定通道，决定分工的竞争要素取决于劳动者的劳动素质。

社会创新是社会人对于社会关系的创新性发展。其对于社会关系的内在本质及范畴的发现和创新是对于人类自我解放的自觉实践的反映。只有人类自觉的自我解放行为才可以形成真的社会创新，才可以形成整体的社会革命性创新。社会的革命性创新路径依赖的是生产力的解放，是劳动人民内在自我解放能力的提升，是劳动科技中劳动者素质及工具的整体进步。其最终表现为所有劳动者的社会化总体生产力的提升与劳动者作为人的存在的发展。

### （二）创新的类型

创新虽有大小、层次之分，但无领域、范围之限。虽然创新的种类是无穷尽的，但是若按大的属性划分，其可以粗略地分为知识创新、技术创新、管理创新和方法创新四大类。

1. 知识创新

知识创新就是对现有知识构成要素进行新的组合或分解，是在现有知识基础上的进步或发展，是在现有知识基础上的发明或创造。知识是人们在探索、利用或改造世界的实践中所获得的认识和经验的总和。人们一般将知识分为自然科学知识和社会科学知识两类。因此，知识创新也可以进一步分为自然科学知识创新和社会科学知识创新。

（1）自然科学知识创新

自然科学是研究自然界的各种物质或现象的科学。自然科学主要包括物理学、化学、动物学、植物学、矿物学、生理学、数学等。自然科学知识是人们在探索或改造自然界的各种物质或现象的实践中获得的认识和经验的总和。

自然科学知识创新就是对现有自然科学知识构成要素进行新的组合或分解，是在现有自然科学知识基础上的进步或发展，是在现有自然科学知识基础上的发明或创造。

（2）社会科学知识创新

社会科学知识是人们在探索或改造社会的各种现象的实践中获得的认识和经验的总和，是人们在探索或改造社会的各种现象的实践中获得的对哲学、法律学、管理学、历史学、文艺学、美学、伦理学等方面的各种现象的认识和经验的总和。

社会科学知识创新就是对现有社会科学知识构成要素进行新的组合或分解，是在现有社会科学知识基础上的进步或发展，是在现有社会科学知识基础上的发明或创造。

2. 技术创新

技术创新就是对现有技术构成要素进行新的组合或分解，是在现有技术基础上的进步或发展，是在现有技术基础上的发明或创造。"技术"一词一般有两层含义：第一层含义是指人们在探索、利用和改造自然界和社会的各种物质或现象的过程中积累起来并在生产劳动或社会实践中体现出来的经验和知识。第二层含义泛指各种操作技巧。技术一般可以分为自然科学技术和社会科学技术两大类。技术创新也可以进一步分为自然科学技术创新和社会科学技术创新。

（1）自然科学技术创新

自然科学技术就是人们在探索、利用和改造自然界的各种物质或现象的过程中积累起来并在生产劳动中体现出来的物理学、化学、动物学、植物学、矿物学、生理学、数学等学科领域的经验、知识和各种操作技巧。

自然科学技术创新就是对现有自然科学技术构成要素进行新的组合或分解，是在现有自然科学技术基础上的进步或发展，是在现有自然科学技术基础上的发明或创造。自然科学技术创新包括物理学、化学、动物学、植物学、矿物学、生理学、数学等学科领域的技术创新。

（2）社会科学技术创新

社会科学技术就是人们在探索、利用和改造社会的各种现象的过程中积累起来并在社会实践中体现出来的哲学、法律学、管理学、历史学、文艺学、美学、伦理学等学科领域的经验、知识和各种操作技巧。

社会科学技术创新就是对现有社会科学技术构成要素进行新的组合或分解，是在现有社会科学技术基础上的进步或发展，是在现有社会科学技术基础上的发明或创造。社会科学技术创新包括哲学、法律学、管理学、历史学、文艺学、美学、伦理学等学科领域的技术创新。

知识创新与技术创新作为人类创新活动的主要方面，互相之间存在着复杂的交互作用。知识创新是技术创新的基础，技术创新是知识创新的应用与发展。

3. 管理创新

管理创新就是对现有管理构成要素进行新的组合或分解，是在现有管理基础上的进步或发展，是在现有管理基础上的发明或创造。"管理"一词一般有三层含义：一是负责某项工作，使其顺利进行；二是保管和料理；三是照管并约束。但是从本质上看，管理的主要构成要素是管理知识、管理制度、管理技术和管理方法。管理可进一步分为行政管理、企业管理、事业管理、团体管理和个人管理五类。管理创新也可以进一步分为行政管理创新、企业管理创新、事业管理创新、团体管理创新和个人管理创新。

（1）行政管理创新

行政管理一般有两层含义：第一层含义是指行使国家权力的管理；第二层含义是指机关、企业、团体等内部的管理。但其管理的原理、规律和方法是相同或相似的。因此，这里探讨的行政管理既包括行使国家权力的管理，又包括机关、企业、团体等内部的管理。

行政管理创新就是对现有行政管理构成要素进行新的组合或分解，是在现有行政管理基础上的进步或发展，是在现有行政管理基础上的发明或创造。行政管理创新既包括行使国家权力的管理创新，又包括机关、企业、团体等内部的管理创新。行政管理创新是行政管理知识创新、行政管理制度创新、行政管理技术创新和行政管理方法创新的总称。

（2）企业管理创新

企业管理是指对从事生产、运输、贸易等经济活动的部门（如工厂、矿山、铁路、贸易公司等）的管理。企业管理的共性是企业部门按照经济核算的原则，独立计算盈亏。

企业管理创新就是对现有企业管理构成要素进行新的组合或分解，是在现有企业管理基础上的进步或发展，是在现有企业管理基础上的发明或创造。企业管理创新是企业管理知识创新、企业管理制度创新、企业管理技术创新和企业管理方法创新的总称。

（3）事业管理创新

事业管理是指对没有生产收入、由国家开支经费的部门的（如学校、科研机构等）的管理。事业管理的共性是事业部门不进行经济核算。

事业管理创新就是对现有事业管理构成要素进行新的组合或分解，是在现有事业管理基础上的进步或发展，是在现有事业管理基础上的发明或创造。事业管理创新是事业管理知识创新、事业管理制度创新、事业管理技术创新和事业管理方法创新的总称。

（4）团体管理创新

团体管理是指对由有共同的目的、志趣的人所组成的集体的管理。团体管理一般具有行政管理、企业管理和事业管理的综合特征。

团体管理创新就是对现有团体管理构成要素进行新的组合或分解，是在现有团体管理基础上的进步或发展，是在现有团体管理基础上的发明或创造。团体管理创新是团体管理知识创新、团体管理制度创新、团体管理技术创新和团体管理方法创新的总称。

（5）个人管理创新

个人管理主要是指对个人的管理，如家庭中的管理。个人管理具有灵活性和多样性的特征。

个人管理创新就是对现有个人管理构成要素进行新的组合或分解，是在现有个人管理基础上的进步或发展，是在现有个人管理基础上的发明或创造。

4. 方法创新

方法是指人们在探索、利用或改造世界的实践中积累起来的观察问题、分析问题或解决问题的途径、程序或诀窍等。

方法创新就是对现有方法构成要素进行新的组合或分解，是在现有方法基础上的进步或发展，是在现有方法基础上的发明或创造。方法创新是永无止境的，其种类也是无穷尽的。

## 二、创业的含义与类型

### （一）创业的含义

创业是指某个人发现某种信息、资源、机会或掌握某种技术，利用或借用相应的平台或载体，将其发现的信息、资源、机会或掌握的技术，以一定的方式转化、创造成更多的财富、价值，并实现某种追求或目标的过程。

创业就是创业者对自己拥有的资源或通过努力能够拥有的资源进行优化整合，从而创造出更大经济或社会价值的过程。

创业就是利用创造创新的思维和方法，创造出某种对人类、对社会或者对个人有益的具体成果的过程。创业是将理论创新或科技创新等成果转化为实际生产力，由实际过程和具体结果来体现。这里所说的创业结果，是指各种各样的企业和事业，而且具有好的经济效益和（或）社会效益。

通常意义上，创业是人类社会生活中最能体现人的主体性的一项社会实践活动。它是一种劳动方式，是一种需要创业者组织、运用服务、技术来思考、推理、判断的行为。创业有广义和狭义之分。广义的创业是指社会生活各个领域里的人为开创新的事业所从事的社会实践活动，其突出强调的是主体在能动性的社会实践中所体现的一种特定的精神、能力和行为方式。狭义的创业是一个经济学的范畴，是指主体以创造价值和就业机会为目的，通过组建一定的企业组织形式，为社会提供产品服务的经济活动。

创业成功带来的财富是巨大的，不仅是个人能力的体现，还能够为一部分人提供就业岗位，为社会做出贡献。根据杰夫里·提蒙斯所著的经典教科书《创业创造》中的定义，创业是一种思考、推理结合运气的行为方式，它为运气带来的机会所驱动，需要在方法上全盘考虑并拥有和谐的领导能力。

创业具有以下特点：创造具有"更多价值"的新事物；需要贡献必要的时间，付出极大的努力；承担必然存在的风险，如财务、精神、社会风险等；能够获得报酬，如金钱、独立自主、个人满足等。

创业是一种劳动方式，是一种"无中生有"的财富创造现象。创业过程充满了艰辛和挫折，而且需要坚持不懈地付出努力。渐进的成功也会给创业者带来无穷的欢乐与幸福。创业作为商业领域的行为，致力于寻求创造新事物（新产品、新市场、新生产过程或原材料、组织现有技术的新方法）的机会，以及运用各种方法加以利用和开发。科尔在1965年将创业定义为发起、维持和发展以利润为导向的企业的有目的性的行为。史蒂文森和罗伯茨提出：创业是一个人（无论是独立的还是在一个组织内部）追踪和捕捉机会的过程，这一过程与当时控制的资源无关。

## （二）创业的类型

### 1. 按照人群数量分类

《科学投资》期刊中包含国内上千例创业者案例，经过研究后发现国内的创业者基本可以分为以下几种类型。

（1）生存型创业者

生存型创业者大多为下岗工人、失去土地或因为种种原因不愿困守乡村的农民，以及刚刚毕业找不到工作的大学生。这是我国数量最多的一批创业人群，清华大学的调查报告指出这一类型的创业者，占中国创业者总数的90%。其中许多人是为了谋生被"逼上梁山"，一般创业范围均局限于商业贸易，少量从事实业，但也基本是规模不大的加工业。当然也有因为抓住机遇成长为大中型企业的，但数量极少。仅仅想依靠机遇成就大业，早已经成为不切实际的幻想。

（2）变现型创业者

变现型创业者是过去在党、政、军、行政、事业单位掌握一定权力，或者在国有、民营企业担任经理人期间聚拢了大量资源的人，他们在机会适当的时候开公司、办企业，实际是将过去的权力和市场关系变现，将无形资源变现为有形的货币。20世纪80年代末至90年代中期，第一类变现型创业者最多，现在则以第二类变现型创业者居多。但第一类变现型创业者当前又有抬头的趋势，而且相当一部分人受到地方政府的鼓励。例如，一些地方政府出台鼓励公务员带薪"下海"、允许政府官员创业失败之后重新回到原工作岗位的政策，这都在为第一类变现型创业者创造机会。这是一种公然破坏市场经济环境、人为制造市场不公平竞争的行为。

（3）主动型创业者

主动型创业者包括两种类型：一种是盲动型创业者，另一种是冷静型创业者。盲动型创业者大多极为自信，做事冲动。有人说，这种类型的创业者大多也是博彩爱好者，不太关注成功概率。冷静型创业者是创业者中的精英，其特点是谋定而后动，不打无准备之仗，或是掌握资源，或是拥有技术，一旦行动，成功概率通常很高。

2. 按照创业起步方式分类

不同类型的创业者因为不同的动机而走上创业的道路，个人背景、生活经历等方面的差异会让他们选择不同的创业类型，也就是不同的起步方式。按照创业起步方式分类，创业可分为以下几种。

①离职创立新公司，新公司与创业者原来任职公司属于不同行业，但也面临着激烈的市场竞争。

②新公司由原行业精英组成，希望集合众家之长，发挥竞争优势。

③创业者运用原有的专业技术与顾客关系创立新公司，并且能够提供比原公司更好的服务。

④接手一家营运中的小公司，快速实现个人创业梦想。

⑤创业者拥有专业技术，能预先察觉未来市场变迁与顾客需求的新趋势，把握机会，创立新公司。

⑥针对特定的市场需求，自己创办公司，使之具有服务特殊市场的专业能力与竞争优势。

⑦创业者为创办新企业，在一个刚萌芽的新市场中从事创新活动，企图获得领先创新的竞争优势，但不确定性风险也比较高。

⑧离职创立新公司，产品或服务和原有公司相似，但是在流程与营销上有所创新，能提供让顾客更满意的产品与服务。

3. 按照创业模式分类

就过程来看，根据对市场的不同认识，创业者多会采用以下四种创业模式。

（1）复制型创业

复制原有公司的经营模式，创新的成分很低。例如，某人原本在某餐厅担任厨师，后来离职自行创办了一家与原服务餐厅类似的新餐厅。新创公司中属于复制型创业的比例虽然很高，但由于这类创业的创新贡献率太低，缺乏创业精神的内涵，因此，不是创业管理主要研究的对象，很少会被列为创业管理课程中的学习对象。

（2）模仿型创业

这种形式的创业，无法带来新价值的创造，创新的成分也很低，但与复制型创业的不同之处在于，创业过程对于创业者而言具有很大的冒险成分。例如，某纺织公司的经理辞掉工作，开了一家当下流行的网络咖啡店。这种形式的创业具有较大的不确定性，学习过程长，犯错机会多，代价也较高。这种创业者如果具有适合的创业人格特性，经过系统的创业管理培训，掌握正确的市场进入时机，还是有很大机会获得成功的。

（3）安定型创业

这种形式的创业，虽然为市场创造了新的价值，但对创业者而言，其本身并没有发生太大的改变，从事的也是比较熟悉的工作。这种创业模式强调的是创业精神的实现，也就是创新的活动，而不是新组织的创造，企业内部创业即属于这类型。例如，研发单位的某小组在开发完成一项新产品后，继续在该企业部门开发另一项新产品。

（4）冒险型创业

这种类型的创业，除了对创业者本身带来极大改变外，个人前途的不确定性也很大。对新企业的产品创新活动而言，其也将面临很高的失败风险。冒险型创业是一种难度很高的创业类型，有较高的失败率，但成功后所获得的报酬也很惊人。这种类型的创业如果想要获得成功，必须在创业者能力、创业时机、创业精神发挥、创业策略研究、经营模式设计、创业过程管理等方面都有很好的搭配。

想创业，首先必须深入地了解创业，通过调查与学习，人们才能拥有自己的经验，才能为以后的创业过程铺平道路。了解创业的类型，为自己选择一条合适的出路，也就是为自己选择合适的生活。

## 三、创新与创业的关系

虽然创业与创新是两个不同的概念，但是二者存在着本质上的一致性：内涵上的相互包容和实践过程中的互动发展。第一次提出"创新"概念的熊彼特认为，创新是生产要素和生产条件的一种从未有过的新组合，这种新组合能够使原来的成本曲线不断更新，由此会产生超额利润或潜在的超额利润。创新活动的这些本质内涵，体现着它与创业活动本质上的一致性和关联性。创新是创业的基础，而创业推动着创新。

创业和创新在本质上具有一致性，即都具有"开创"的性质，只不过，创新一般多指理论、思维方面的创造活动，是整个创造活动的第一阶段；创业是实际活动中的创造，是创新思维、理论和技法的应用与现实体现，属于创造活动的第一阶段，也是创新的终极目的。

一方面，科学技术、思想观念的创新，促进着人们物质生产和生活方式的变革，从而产生了新的生产和生活方式，进而为整个社会不断地提供新的消费需求，这是创业活动之所以源源不断的根本动因。另一方面，创业在本质上是一种创新性实践活动。无论是何种性质、类型的创业活动，它们都有一个共同的特征，那就是创业是主体的一种能动的、开创性的实践活动，是一种高度的自主行为。在创业实践的过程中，主体的主观能动性将会得到充分的发挥，正是这种主观能动性充分体现了创业的创新性特征。

创新最早是一个经济学概念。狭义的创新是指把技术和经济结合起来，即创新是从新思想的产生到产品设计、试制、生产、营销和市场化的系列行动。广义的创新是力求将科学、技术、教育等与经济融汇起来，即创新表现为不同参与者和机构（包括企业、政府、大学、科研机构等）之间交互作用的网络。在这个网络中，任何一个结点都可能成为创新行为实现的特定空间。创新行为因而可以表现在技术、体制或知识等不同的侧面。随着科学技术的突飞猛进和社会经济的飞速发展，以及人们创新意识的加强和创新水平的提升，创新已不再局限于经济方面，而是扩展到政治、科技、文化、军事、社会生活的各个方面，出现了许多新的创新概念，如科技创新、产业创新、技术创新、体制创新、管理创新、金融创新、知识创新、政治创新、军事创新、教育创新、文化创新、观念创新、理念创新、企业创新和社会创新等。简而言之，创新就是将新的观念和方法付诸实施，创造出与现存事物不同的新事物，从而改善现状。只要是新的事物、观念付诸实施，并得到认可，推动人类社会进步的过程就是创新。

而创业实际上就是一种经济投资，主要表现为经济领域的活动，使没有的职业或行业被开创出来，使已有的行业和职业做大做强。经济领域内的创业包括：按创业主体的性质划分，可分为个人独立创业和公司附属创业；按创业的不同起点划分，可分为创建新企业和公司再创业；按制度创新层次划分，可分为基于产品创新而创建企业、基于市场营销模式创新而创建企业和基于企业组织管理体系创新而创建企业。我们可以看到，这些类型的创业都与创新紧紧相连。但是本书中所介绍的创业，还涵盖行政、事业等各个领域，只要在这些范围内利用创新的理论和手段取得良好的效果，都可以称为创业。

思考：

①谈谈你对创新创业的认识和理解。

②谈谈你对创新与创业之间关系的认识。

# 第二节　创新创业的意义

## 一、时代的选择

### （一）社会发展需要创新创业

人类自脱离蛮荒时代进入文明社会已有几千年的历史，虽然有些国家已经进入知识经济时代，但还有相当一部分国家连温饱问题都尚未解决。不过，有一种说法似乎多数国家都很认同，那就是现在人类社会整体上处于全球化时代，其标志就是席卷全球的信息技术产业革命。

目前，全球化的准确名称应该是"经济全球化"，这种全球化的本质是生产要素的跨国界自由流动，追求的最终目标是经济效益的最大化。为实现这个目标，就要以发展各个领域里的创新实现创业为手段，最终取得极大的经济效益。

江泽民同志的"创新是一个民族进步的灵魂，是国家兴旺发达的不竭动力"的立论是高度概括的真理。任何国家要改变其经济、科技落后的状况，从根本上讲，必须提高全民族的科学文化素质和创新意识，培养和造就大批有创新精神和创造能力的人才。

如果说目前知识经济仅在部分发达国家出现，那么 21 世纪将是知识经济在国际经济中占主导地位的世纪。而知识经济的推进器就是创新，创新是知识经济的内核。创新将成为一个国家进入 21 世纪国际经济"竞技场"的"入场券"，谁能抢占创新的制高点，谁就是 21 世纪的主角。

可以预见，知识经济社会的发展范围会更广。它的发展方式、社会结构，人们的相处方式和共存度等都会有许多新的变化和新的特点。要适应社会发展的变化，就要运用创造的思维和创新的成果来解决人类发展中不断遇到的新问题，极大地提高人的创造创新能力。

### （二）科技发展需要创新创业

知识经济是高科技的发展促成的，是创新的结果。以信息技术、生物技术、先进制造技术、先进环保技术、新材料技术和新能源技术为代表的高科技领域，集中体现了人类创新能力开发带来的创业成果，冲击着传统的生产方式和产业结构，使人类的生产生活发生了革命性的变化，把社会生产力推到了一个前所未有的高度。知识经济又催生着高科技的不断创新和科技产业的不断发展。

任何国家创新能力的提高带来的直接结果都是国力的迅速强盛和人民生活水平的极大提高。因此，从 20 世纪 50 年代起，许多国家大力提倡推进创新能力的开发和应用，创立高科技产业。

从历史发展来看，技术创新是创业的重要切入点。以蒸汽动力的改革和应用、电力的广泛应用以及电子计算机的广泛应用为特征的三次技术革命，引起了社会生产的深层次变革，振兴了相关产业，也造就了大批的科学家、技术发明家和产业巨头，特别突出的有爱迪生、诺贝尔、西门子、贝尔等。他们用自己的科学发现、技术发明成功创业，积累了巨大的财富，成就了辉煌的事业，成为当代青年大学生关注科技创业、投身科技产业的光辉典范。目前，人类社会的技术革命正在从第三次技术革命逐步转向以新材料技术、新能源技术等的广泛应用为主要标志的更高的发展阶段。从技术发明、技术改良到终端产品的创新发明与规模化生产，周期越来越短，更新频率越来越高。这在客观上对传统生产方式形成巨大冲击的同时，也为掌握高新知识与高新技术的青年大学生提供了很好的创业环境，成为青年大学生端正创业态度、寻找机会的必备要素之一。

在推进科技创新的进程中，技术创新具有十分重要的作用。没有活跃的技术创新，知识经济就失去了承受"知识生产、传播和运用"的物质载体。许多发达国家为适应知识经济的发展，纷纷采取发展创新企业和鼓励企业创新的政策，使技术创新成果立即推广应用，产生效益。要在世界高科技领域占有一席之地，必须提升技术创新的能力，冲破发达国家的技术垄断。为此，我国必须建立一整套技术创新可持续发展的机制，包括加速科技成果转化的新机制、发展新兴产业和高新技术产业的新机制等。只有这样，才能给科技创新以持久动力，不断增强我国经济发展的动力和后劲，促进我国经济的长远发展。

总之，在科学技术迅猛发展的今天，创新对于社会经济发展的强大推动作用，已远远超过了以往任何时代。综合国力的竞争已经进入了创新领域，竞争的最终结果是科研成果的产业化。一个民族、一个国家的创新能力已经关乎国运。因此，顺应时代要求，培养具有创新精神和创新能力的人才，大力提高全民族的创新素质，就成为一项重大而迫切的任务。

### （三）经济全球化需要创新

经济全球化趋势的形成，使世界各国在市场和生产上的相互依存度日益加深。全球化推动了人力、资金、商品、服务、知识、技术和信息等实现跨国界的流动，促进了各种生产要素和资源的优化配置。这些变化是一种全球范围内的经济实力的竞争。为在世界大舞台上有自己的立足之地，各国在政治、经济、科技、文化等领域都必须进行创新，以增强竞争实力。

我国已于 2001 年加入世界贸易组织（World Trade Organization，WTO），成为 WTO 中的重要一员，已经进入经济全球化的轨道。在经济全球化的形势下，我们必须用新的观点全面审视各方面的处境，利用创新的头脑，发展经济，增强国力，在较短的时间内实现民族的伟大复兴。目前，我国面临的最紧迫的任务是科技创新，科技水平的提高是发展生产力的关键因素。纵观当前世界各个国家的表现，发达国家在经济全球化中占据主导地位，获得的利益也最多，其法宝就是紧抓科技创新，并将高科技成果转化为以应用为目的的创业。这也是其他国家为了不被抛出经济全球化浪潮之外，进而从全球化过程中受益的必由之路。因此，凡是有能力、有作为的国家，其科技创新浪潮云涌，技术应用日新月异，知识或智力资源的占有、配置、生产和运用已经成为其大力发展经济的重要依托。

经济全球化对创新提出的要求不只局限在科技领域，其他如制度、观念、文化等，都面临着创新的问题，而且在某些时候，还可能成为创新的主要方面或制约因素。例如，我国原有的制度、运行机制，包括改革开放以来制定的新的制度和现行机制，许多已不能适应经济全球化的需求。如果不着手创新，就难以促使经济活动健康、有序地开展，甚至会造成与他国交往时面临举步维艰的困境。

## 二、国情的呼唤

### （一）中国的人口负担呼唤创新创业

有创业才能就业，就业充分，人民才能安居乐业，国家才能繁荣富强。只有存在着大量的创业者，才能为广大的劳动者拓宽就业渠道，才能使每个人的才能无论大小都得到发挥，做到"人尽其才，才尽其用"。没有创业，现有的就业市场就不可能容纳数量如此庞大的劳动力，很多人将失去就业的机会并成为社会的巨大负担，全面建设小康社会的目标就不能顺利实现。

目前，我国人口总量已超 14 亿人（不含港澳台地区）。2000 年以来，我国城镇失业率为 4% 左右，每年新增劳动力 1300 万人，下岗再就业人员 1000 万人，农村富余劳动力有 2.5 亿～3 亿人。严峻的就业形势使人们充满危机，使国家感到忧虑。

就业是民生之本。扩大就业，实现比较充分的社会就业是全面建设小康社会的基础目标，是全面提高人民收入和生活水平的根本保证。扩大就业是化解劳动者流动日益频繁带来的压力、保证社会经济乃至政治稳定的基础。在无法通过政府、社会解决就业问题的情况下，只能引导、鼓励更多的人自谋职业和自主创业。只有创业的人不断增加，经济发展逐步加快，就业问题才能得到根本解决。

### （二）我国人力资源开发的目的是创新创业

我国是人口大国，人力资源的开发还有很大的提升空间。一旦人力资源的开发取得良好效果，将会取得可观的财富。目前各级政府和企事业单位极其关注以提高人口素质为根本目的的人力资源开发事业。"十二五"时期，我国学前教育入园率大幅提高，2014 年学前教育的毛入园率达到 70.5%，比 2009 年提高了 19.6%，提前六年实现了教育规划纲要确定的 2020 年 70% 的目标。义务教育普及成果得到了有效巩固，小学净入学率达到 99.8%、初中毛入学率达到 103.5%，九年义务教育巩固率达到 92.6%，比 2009 年提高了 1.8%。高中阶段教育入学机会进一步增加，毛入学率达 86.5%，比 2009 年提高了 7.3%。职业院校大众化水平逐步提升，毛入学率达 37.5%，比 2009 年提高了 13.3%。提高人口素质的终极目的是培养具有创造创新精神和能力的各级各类人才，以便开创和壮大各项事业，增强综合国力，实现民族振兴。世界各发达国家和发展较快国家的经验说明，这种开发人力资源的办法是明智的，是提高现代生产力的核心之举。

### （三）创业是民族振兴的必由之路

产业是一个民族的依托，创业是一个民族振兴的必由之路。鸦片战争后，洋务派为挽救满清政府，开始了第一次大规模的创业尝试，但由于封建主义的本质和外国势力的入侵，这次创业终以失败而告终，中国进一步陷入了半殖民地半封建社会的深渊。

新中国成立以来，特别是改革开放以来，在中国共产党的领导下，一大批高举振兴民族产业大旗的有志之士开始了新一轮的创业壮举，再一次证实了振兴中华民族的有效途径就是创业，特别是高科技领域的创业。

未来国际社会的竞争，将越来越体现为以经济、科技和军事实力为基础的综合国力的较量。要迎接这种挑战，就要以国家创新体系（包括知识创新系统、技术创新系统、知识传播系统和知识应用系统）为平台，全面增强国家的科技创新能力。科技进步促发学习的革命，知识经济催化教育的改革，这些都需要我们具有创新的精神，运用创新的方法，推进创新的改革。

对一个国家来说，创新是一个民族进步的灵魂，是一个国家兴旺发达的不竭动力，随着竞争的加剧，创新已成为一个国家发展与发达的关键。创新是带有氧气的新鲜血液，是一个国家的生命。

对社会而言，创业可以促进国家经济发展与科技创新，创造巨大的经济效益和物质财富，同时还提高了社会就业率，丰富了就业渠道，特别是对于缓解我国目前存在的就业压力更具有重要的作用和深远的意义。人们的创业实践活动还具有推动我国创新教育发展和加快培养创新型人才的功能。

## 三、人类的追求

### （一）人类未来的物质需求呼唤创新创业

人类的未来从表面看取决于空间、能源和耕地等资源的储备，但最终仍取决于人类智慧的开发程度，取决于科技创新的成果。地球上的人口数量仍然在增长，人们面临的问题有两个：一是怎样不断满足人类物质文化生活的需要；二是怎样有效控制地球人口的不断增长。目前解决这两个问题的急迫和可靠的办法是增加物质总量。但是，物质生产的增加，不能再以过去那种简单的方式进行了。很长的时期内，人们都是靠简单的资本投入或劳动力的增加来提高生产力，这是一种低层次的，既浪费资源又破坏环境的发展方式，必须靠科技的创新和开发来解决。

人的基本需求是人作为自然人的需求和人作为社会人的需求的统一。根据马斯洛的需求层次理论，人类有五种基本需求（生理需求、安全需求、社会需求、尊重需求、自我超越），物质需求是众多需求中首要和基本的需求。人的物质需求包括吃、穿、住、用、行等基本需求。在市场经济条件下，消费者的需求是进行投资、生产、销售的指挥棒，是市场上一只"看不见的手"。可以说，有什么样的需求，就有什么样的供给，这样才能维持市场经济的正常运行。人的需求随客观环境的变化而变化。例如，随着经济社会的发展和科学技术的进步，人们的物质需求也越来越讲究绿色、保健、方便、舒适等。吃的方面要求食品绿色无公害，能起到保健作用；穿的方面追求年轻、时尚、漂亮；住的方面追求情调、方便、环境舒适等。这都要求国家针对人们未来生活的需求，对现有的物质供给进行创新，依靠科技，改进和提高现有的技术工艺，提高人们的技术水平和艺术审美感，这样才能提供令人们满意的物质消费品和服务，才能在竞争激烈的市场上占有一席之地。

### （二）人类未来的精神需求呼唤创新创业

人类的需求除了物质需求以外，还有精神需求。这是人类区别于动物的根本点。即使再充足再优越的物质满足也不能代替精神需要。相反，精神上的满足可以抑制对物质的追求。

所谓精神需求是指科学、美学、仁爱、崇拜、尊重、抚养需求等，从人的本性来讲，渴求内心的愉悦和满足永远是人类精神需求的主题。在未来社会，随着物质生产条件的逐步改善，人们的物质需求将得到更大的满足，随之而来的精神需求将急剧增加。在现实生活中，人们往往感叹人与人之间冷漠、缺乏关爱，知识匮乏，生活变得空虚，社会道德沦丧等，这都是精神需求没有得到满足的具体表现。这些都是未来精神需求亟须解决的突出问题，这也从另一个角度对科技创新、制度创新提出了新的要求。

### （三）个人的发展呼唤创新创业

对于个人而言，通过提升自己的创新能力来提高创业能力和生存竞争能力已是必由之路。大量实践证明，具有较高创造创新能力的人，其工作适应面更广，工作质量更高，创造的效益远远大于创造创新能力低的人。未来的社会千变万化，新知识、新事物、新问题层出不穷，一个人无论从事什么工作，都必须具备创造性地解决问题的能力。不仅科学家、技术人员需要创新，而且从政、从文、从艺、从工、从商的人，也要不断地产生新思想、新路子。行行有发明，人人需创造，处处看发现，时时讲创新，整个社会才有活力，才会进步。创新能力是充分体现人生价值的主要方面。大学生作为社会中单独的个体，处于科技日新月异、经济飞速发展的社会大变革时期，个人的发展与社会、国家的发展休戚相关。一个人的自我价值只有与社会价值形成高度的统一才有意义，也才容易实现。青年学生，要清醒地认识到时代寄予的期望，自觉培养创新意识，锻炼创新能力，提高创造性地解决问题的能力。只有这样，才会永远对社会有用，不会被淘汰。

创新是一个人在工作乃至事业上永葆生机和活力的源泉。具体而言，创新能力将决定一个人的发展前途。人们在创业过程中会遇到各种各样的困难与问题，在解决这些问题的同时，人们会不断地提高自身的综合能力，使自己不断成熟。从大学生自身来看，技术创新是创业获得市场认可的手段。大学生既没有资金，也没有社会关系，更没有相关的工作经验，而他们所拥有的正是社会所需要的创新精神和能力，只有运用自身的技术创新能力才能在创业的道路上获得"第一桶金"，从而成为成功的创业者。当代大学生是伴随着商品经济、互联网经济等的飞速发展而成长起来的，相对于其父辈、祖辈而言，更容易接受新观念、新事物。尽管他们身上存在着这样那样的不足，但是崇尚拼搏、敢于挑战、追求成功的特征，使得他们最有可能成为创业大军中以技术创新为特征的生力军与成功者。

我国每年都会有数以万计的大学生毕业，但是由于种种复杂的因素，并不是每一位毕业的学生都能顺利就业。有些人即使有工作也感觉不满意，即使拥有旺盛的工作热情也做不出一番成绩来。所以越来越多的人想到了创业这一条路子，事实上有很多人毕业即创业，但是成功的例子却很少。这些创业失败的根本原因就是没有创新。现在的社会竞争如此激烈，同一行业会有很多人涉足，如果做得不够好或者不如别人做得好，那么就只能失败。如果不盲目地跟随他人的步伐，而是认真调研，分析各行各业的形势，发掘那些少见的、新鲜的区域，想出从未有过的点子，再进行充分的准备工作，那么创业必然是成功的。

思考：

①谈谈当今社会的新事物的发展趋势。

②谈谈当今大学生对创业的认识。

# 第三节　创新创业的方法

## 一、改进教育模式——创新与创业协同互融

创业与创新有着密切的联系。离开创业，探讨创新就失去了意义和目的，而不首先弄清楚科学的创新理论、创新能力及其开发问题，创业也就缺失了理论支持和灵魂。创新的职业和行业是在科学、技术、理论、制度、管理、市场等创新的情况下产生的，如果没有这些方面的创新，就不可能有新的创业出现。有的创新，本身就会带来一个新的产业的出现，和创业没有截然的界限。进入 21 世纪以来，由创新带动创业已成为世界范围内规模空前、备受关注的"运动"，与国家、民族和个人息息相关。

创业和创新是一对既紧密联系又互不相同的概念。一方面，创业需要创新，创新是创业的源泉，创业通过创新拓宽商业视野，推进企业成长。虽然创新不是创业的唯一途径，但是，创新特别是可持续创新可以不断创造竞争优势，进而推动创业的成功。另一方面，创新必须注意市场需求，并有创业的需要。创业为创新的成功创造条件，并且推动创新成果产业化，继而产生经济效益。新技术或新发明能否转化为产品，能否产业化、市场化，还要有一个创业的过程。创业和创新之间的概念性关系已经被讨论多年。在众多文献里，创业和创新被视为一对密切相关的词汇，近几年很多研究侧重于创业和创新之间本性上的无法分割的关系。研究表明，企业的创新和创业相辅相成。二者之间的关系呈正相关，在目前变幻莫测的环境中，二者的结合及相互作用对于企业的成功极为重要。同时，研究还指出创业和创新的结合并非仅仅存在于新企业的启动阶段，而是存在于整个创业和创新的动态的过程中。

因此，做好大学生创新创业教育，就必须把创新和创业的知识与技能结合起来。

### （一）专业课教师要更新课程理念，改革教学方法

目前，许多职业院校已经认识到问题的紧迫性，开展了多种形式的创业思想教育课程，培养大学生的创业理念。但这项工作的组织者和开展者，绝大多数是职业院校的思想政治教师、学生工作处教师、就业指导教师、辅导员等，专业课教师参与的程度不高，甚至一部分专业课教师认为那不是自己的工作。实际上，从普通的基础教育到专业教育，再到今后的从业，专业课教师的作用都非常关键，具有无可替代性。专业课教师是将学生从学习生涯带到职业生涯的领路人，是社会和学校沟通的桥梁，是大学生今后工作的引导者和示

范者。从现有的经验看，专业课教师的思想和认识对学生的从业观念和今后成长的过程影响巨大。大学生对所学专业的理解和认识以及其今后从业所应具备的知识能力和素质，这些信息的第一个来源就是其专业课教师。这些都是由专业课教师在日常的教学过程中点点滴滴灌输给他们的。

现阶段，许多职业院校在课程设置模式上还在采用传统的三段式学科式教育模式，即基础课、专业基础课、专业课，课程设置与社会需求脱节；教学方式采用理论课加实训课的模式，表现出的现象是理论课上教师"满堂灌"，技能实践课上学生"拼命练"，理论和实践缺乏有机融合；毕业找工作时，学生背了很多书，拿了很多证书，但面对各类职业岗位提出的要求，还是不知所措。

由于传统的教学方式存在很大的局限性，因此，融入创业教育思想的教学方法必须具有新思维、新突破，打破以往教学方式的束缚。各门专业课教师都应该根据其专业的内容和教学特点，在教学环节的设计中，有机渗透创业意识、创业能力的教育与培养等信息，将创新思维、创业意识和创业能力的教育和培养与专业课程的教学融为一体，同步进行，这样才能收到事半功倍的效果。

专业课教师要更新课程理念，改革教学方法，具体应做到：首先，专业教学的内容不能拘泥于书本，要紧跟时代需求，做相应的调整和扩充。专业教师要对新技术、新工艺、新设备有充分的认识和了解，要将专业技术前沿的动向和信息及时传达给学生；专业教学所采用的项目、案例和载体要来自真实的生产实践，专业教师要跟踪新技术的发展，不断更新教学内容，努力把生产一线正在使用和短期内将推广的技术，以及现有技术存在的问题引进课程教学中。其次，教学方式要灵活，教学手段要多样化，实现教学方法与手段的创新。例如，采用"启发式教学法""探究式教学法""集体讨论式教学法""优秀生示范""合作式教与学"等多种教学方法，借助网络资源与多媒体手段进行教学；引入师生互动的平台，使教学由传统的以教师为中心、以课堂为中心、以知识为中心逐步向以学生为中心、以实践为中心、以能力为中心转移。最后，考核、评价学生的方式要全面立体，不要把考试分数作为衡量学生学习成果的唯一标准。例如，专业课程成绩的构成可采取"考试（50%）+ 上课（10%）+ 作业（20%）+ 创新（20%）"的模式，作业多以综合性分析、调研报告、信息搜寻、构思方案等形式布置，把创新能力纳入考核中，使只会机械记忆书本知识的学生的学习成绩最高不超过良，激发学生的创新欲望。

除了专业课程教学要采用灵活有效的多种形式外，教师还应把专业教学的活动场所延伸到课堂外、实验室外和学校外。在学生毕业论文的写作过程中，培养学生的科研和创新能力，促进大学生科研、创新能力的提高。

## （二）发挥共青团的文化育人作用，营造良好的创新创业校园氛围

### 1. 以校园文化活动为载体，积极营造创新创业的校园氛围

共青团组织要积极弘扬校园文化的育人功能，唱响主旋律，用丰富多彩的校园文化活动营造良好的创新创业校园氛围。组织"科技文化艺术节""青年创业论坛""校园营销精英挑战赛"等活动，开展内容丰富、形式多样的高品位校园文化艺术活动，陶冶大学生的高尚情操，使创新创业意识、创新创业精神成为校园文化、校园精神的重要内容。

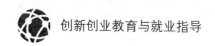

2. 加强职业生涯教育，引导学生树立创新创业价值目标

职业生涯规划教育是创新创业教育的一个重要载体。与最初的职业指导相比，职业生涯教育已不仅仅是指导学生选择职业或就业，而是重在以正确的人生观、人才观和职业观引导学生，使他们能从社会需要出发，结合自己的特点，掌握合理选择职业方向的能力。职业生涯教育既可以培养学生的创新精神与创业意识，还可以引导学生以创新创业为自我价值取向和行为方式，帮助学生逐步建立创新创业价值目标。

3. 建立创业园、众创空间孵化器，提升学生的动手能力

创业比赛、入驻创业基地能够在一定程度上加强创新创业教育的目的性和对创新创业教育的反馈，能够提升创新创业的针对性，引导学生追求创新创业，为将来的就业或创业工作做好准备。

## 二、改进教学方法——理论与实践协同互动

### （一）搭建创新创业素质训练平台，培育大学生的创新创业精神

1. 以科技竞赛为抓手，培养大学生的科技创新与创业意识

课外科技作品竞赛是职业院校共青团开展创新创业教育的立足点，也是培养大学生创业兴趣的有效途径。例如，"挑战杯"全国大学生课外学术科技作品竞赛、"挑战杯"中国大学生创业计划大赛、青年创意创业计划大赛三个在全国范围内影响较大且具有普遍意义的科技创新创业类竞赛，课外学术科技作品竞赛、大学生创业计划竞赛、校园营销精英挑战赛、电子设计竞赛及电子商务竞赛等不具有普遍意义的竞赛在学生中都极具影响力。要在竞赛过程中提高学生参与科研活动的积极性，培养大学生创新创业的兴趣，增强青年学生的创业主动性。

2. 以社会实践为依托，激发青年大学生的创新创业热情

共青团通过组织暑期、寒假社会实践活动，坚持把大学生社会实践与创新创业教育紧密结合，力争在实践中不断激发青年学生的创新创业热情，强化创业内驱力。在高年级开展以"学业、就业、创业、事业"为主题的大学生社会实践主题活动，进行有目的、有计划的创新创业培训，锻炼其执行能力，提升其综合素质，为他们将来有效地创新创业打下坚实的基础。

3. 以勤工助学为纽带，提升在校大学生的创新创业动力

随着职业院校勤工助学的不断发展，越来越多的大学生开始从事经营型、管理型勤工助学工作，甚至有一部分学生开始从事科研型勤工助学工作，创办勤工助学企业，提前走上自主创业的道路。参与勤工助学实践活动是培养创新精神和提升创业动力的一条重要途径。大学生通过参与智力型、管理型、经营型、服务型等类型的勤工助学活动，运用自己的聪明才智和知识能力，不断推陈出新，创造性地解决工作中的各种问题，敢于和愿意承担风险，尝试做一些具有创新性质的事情，感受创业过程中的艰难和快乐。在这一过程中，学生就会不知不觉地培养创新创业意识，使得创新能力在实践中不断得到增强。

## （二）完善创新创业教育服务体系，提高大学生的创新创业能力

### 1. 建立一支创新创业教育导师团队，加强对青年学生创新创业实践活动的指导

一方面，通过集中培训，教师了解并具备创业教育的基本知识。另一方面，在一些与实践结合密切的学科中，开展"产、学、研一体化"活动，可以使教师深入高新技术企业，体验创业过程，积攒创业案例，丰富创业教学经验。职业院校在政策上鼓励有能力的教师进行创业，造就一批创业者兼学者，同时在政策上吸引成功的创业者成为职业院校教师。在师资队伍的结构上，学习美国的经验，将兼职教师和专职教师相搭配，主动吸纳社会优秀青年企业家和政府官员作为兼职教师为学生讲授课程，这样既弥补了职业院校创业教育教师数量的不足，也实现了创业教师个性、能力、学识和经验的互补，优化了师资结构。

同时，学校应完善创新创业激励和扶持机制，积极筹措资金，通过"青年成才发展基金"、小额担保贷款等渠道，健全大学生创新创业的促动机制，促进学生的职业自立，完善大学生的创新创业理念，推动大学生创新创业实践活动向纵深发展，培育一批团员青年创新创业典型，打造出一批创新创业的领军人物，逐步提升大学生整体创新创业的水平。

### 2. 创建一批创新创业实训基地，培养大学生的创新创业实战技能

实施创新创业教育还要增加投入和改善软硬环境，组建坚实的创新创业教育实践训练基地。其一是共青团组织、就业部门主动与企业联合，通过走产、学、研相结合的道路，以校企联合的模式，建立大学生创新创业教育实践训练基地，实施真项目、真操作、真环境的见习模式，使学生的创新创业活动与企业之间形成良好的互动。其二是学校有关部门牵头建立创新创业基金会、创新创业协会等组织机构，为学生提供创新创业的实战演习场所，以项目化的运作手段，保证学生实践训练活动的开展，促进大学生与创业企业、创业者建立互动关系，体验创业过程，提升创业企业的运行管理能力。其三是通过其他方式多样、丰富多彩的创新创业实践活动，推动学生参与科研，为学生提供创新创业的实践平台，提高他们的创新创业能力，为将来的创新创业积累有益经验。

企业的人才储备和技术创新离不开职业院校的支持，而企业是学生创新创业实践的重要阵地，并且拥有丰富的创新创业教育资源。企业只有以更主动的姿态参与大学创新创业教育，才能更好地发现人才、培养人才和储备人才。一是发挥资金优势，设立"种子基金""天使基金""创投基金"等，与大学创业项目对接，扶持和培育一批优秀的项目和企业。二是发挥人力资源优势，选派一些经营管理精英到职业院校担任学生创新创业导师，为学生提供创新创业指导，使学生少走弯路，规避风险，成功创业。三是和职业院校开展"订单式培养"，把企业作为人才培养的重要实习实践基地，同时在与职业院校的科研互动中为企业的技术创新寻找机遇，实现企业的可持续发展。

思考：

①我国职业院校创业教育中存在哪些问题？

②有利于职业院校创业教育的可行性发展模式有哪些？

# 第二章　创新思维

## 第一节　创新思维概述

### 一、创新思维的含义

创新思维是指以新颖独创的方法解决问题的思维过程，通过这种思维能突破常规思维的界限，以超常规甚至反常规的方法、视角去思考问题，提出与众不同的解决方案，从而产生新颖的、独到的、有社会意义的思维成果。一个人如果具有创新思维，就能够打破常规、突破传统，具有敏锐的洞察力、直觉力、丰富的想象力、预测力和捕捉机会的能力等，从而使思维具有一种超前性、变通性。

### 二、创新思维的本质

创新思维的本质在于将创新意识的感性愿望提升到理性的探索上，实现创新活动由感性认识到理性思考的飞跃。创新精神属于科学精神和科学思想范畴，是进行创新活动必须具备的一些心理特征，包括创新意识、创新兴趣、创新胆量、创新决心及相关的思维活动。

### 三、创新思维的特征

#### （一）概括性

概括性是创新思维最显著的特点。感觉、知觉只能反映个别事物或事物的个别属性；而思维则能反映一类事物的本质和事物之间的规律性的联系。概括性是人们形成或掌握概念的前提，也是一切科学研究的出发点。

#### （二）问题性

思维总是致力于解决某个任务或问题。当人们在实践活动中接触某种新的、不太理解的事物时，就必须去认识、揭示和理解它，以便完成任务，解决问题。创新思维的问题性特征体现在以下几个方面：①发现问题（提出问题）；②明确问题；③提出假设；④检验假设。

### （三）创新性

创新性特征体现在以下两个方面。

①独创性。独创性指独立于前人、他人，没有现成的规律可循。

②新颖性。新颖性是指对于新情况、新问题，力求找到它新的本质、新的解决方法，表现出不同于一般之处。求异思维的创新并不是无中生有、凭空捏造，而是有其客观根据的，其客观根据就是事物的特殊性。

### （四）超越性

创新即突破、超越。思维的本质即超越，因而，才有创新性思维，才有创新性思维对客观事物和对象的超越。创新思维的超越性特征体现在以下几个方面：①对过去的超越；②对将来的超越；③对空间的超越；④对具体事物、具体现象、具体物品等的超越；⑤对"有"与"无"的超越；⑥对"传统"的超越。

## 四、创新思维的类型

创新思维多种多样，一般分为以下几种。

### （一）发散思维

发散思维又称辐射思维、放射思维、扩散思维或求异思维，是指大脑在思考时呈现的一种扩散状态的思维模式，表现为思维视野广阔，呈现出多维发散状，是从一点出发，向不同方向辐射，产生大量不同设想的思维方式，如"一题多解""一事多写""一物多用"等。不少心理学家认为，发散思维是创造性思维的最主要的特点，是测定创造力的主要标志之一。运用发散思维可以产生大量设想，提供更多选择机会，摆脱习惯性思维的束缚，破除思维定式。

1. 发散性思维的特点

①流畅性。流畅性就是指观念可以自由发挥，在尽可能短的时间内生成并表达出尽可能多的思维观念，以及较快地适应、消化新的思想观念。机智与流畅性密切相关。流畅性反映的是发散思维的速度和数量特征。

②变通性。变通性就是指打破头脑中某种自己设置的僵化的思维框架，按照某一个新的方向来思索问题的过程。变通性需要借助横向类比、跨域转化、触类旁通，使发散思维沿着不同的方面和方向扩散，表现出极其丰富的多样性和多面性。

③独特性。独特性是指人们在发散思维中做出不同寻常的、异于他人的、新奇反应的能力。独特性是发散思维的最高目标。

④多感官性。发散性思维不仅运用视觉思维和听觉思维，也充分利用其他感官接收信息并进行加工。发散思维还与情感有密切关系。如果思维者能够想办法激发兴趣，产生激情，把信息感性化，赋予信息感情色彩，就会提高发散思维的速度与效果。

2. 发散性思维举例

发散性思维包括立体思维。立体思维是指思考问题时跳出点、线、面的限制，立体式地进行思维。立体思维在实际生产生活中的应用有：①立体绿化，如屋顶花园增加绿化面积、减少占地改善环境、净化空气；②立体农业、间作，如玉米地里种绿豆、高粱地里种花生等；③立体森林，如高大乔木下种灌木、灌木下种草、草下种食用菌；④立体渔业，如网箱养鱼充分利用水面、水体；⑤立体开发资源，如煤、石油。

**3. 发散性思维的方法**

①材料发散法。以某个物品为"材料"，并以它作为发散点，设想它的多种用途。

②功能发散法。从某事物的功能出发，构想出获得该功能的各种可能性。

③结构发散法。以某事物的结构为发散点，设想出利用该结构的各种可能性。

④形态发散法。以事物的形态为发散点，设想出利用某种形态的各种可能性。

⑤组合发散法。以某事物为发散点，尽可能多地把它与别的事物组合成新事物。

⑥方法发散法。以某种方法为发散点，设想出利用方法的各种可能性。

⑦因果发散法。以某个事物发展的结果为发散点，推测出造成该结果的各种缘由，或者由原因推测出可能产生的各种结果。

⑧集体发散思维。发散思维不仅需要用上我们自己的全部大脑，有时候还需要用上我们身边的无限资源，集思广益。集体发散思维可以采取不同的形式。

## （二）逆向思维

逆向思维是对司空见惯的、似乎已成定论的事物或观点进行反向思考的一种思维方式。也就是敢于"反其道而思之"，让思维向对立面的方向发展，从问题的相反面深入地进行探索，树立新思想，创立新形象。人们习惯沿着事物发展的正方向去思考问题并寻求解决办法。其实，对于某些问题，尤其是一些特殊问题，从结论往回推，倒过来思考，从求解回到已知条件，反过去想或许会使问题简单化。

**1. 逆向思维的特点**

**（1）普遍性**

逆向思维在各种领域、各种活动中都有适用性。由于对立统一规律是普遍适用的，而对立统一的形式又是多种多样的，有一种对立统一的形式，相应地就有一种逆向思维的角度，因此，逆向思维也有无限种形式。例如，性质上对立两极的转换，如软与硬、高与低等；结构、位置上的互换、颠倒，如上与下、左与右等；过程上的逆转，如气态变液态或液态变气态、电转为磁或磁转为电等。不论哪种方式，只要从一个方面想到与之对立的另一方面，就是逆向思维。

**（2）批判性**

逆向是与正向比较而言的，正向思维是指常规的、常识的、公认的或习惯的想法与做法。逆向思维则恰恰相反，它是对传统、惯例、常识的反叛，是对常规的挑战。它能够打破思维定式，破除由经验和习惯造成的僵化的认识模式。

**（3）新颖性**

循规蹈矩的思维和按传统方式解决问题虽然简单，但容易使思路僵化、刻板，摆脱不掉习惯的束缚，得到的往往是一些司空见惯的答案。其实，任何事物都具有多方面属性。由于受过去经验的影响，人们容易看到熟悉的一面，而对另一面却视而不见。逆向思维能克服这一障碍，往往给人耳目一新的感觉。

2. 逆向思维的类型

（1）反转型逆向思维法

这种方法是指从已知事物的相反方向进行思考，产生发明构思的途径。反转型逆向思维常常从事物的功能、结构、因果关系三个方面进行反向思考。例如，市场上出售的无烟煎鱼锅就是把原有煎鱼锅的热源由锅的下面安装到锅的上面。这是利用逆向思维，对结构进行反转型思考的产物。

（2）转换型逆向思维法

这是指在研究某一问题时，由于解决该问题的手段受阻，而转换成另一种手段，或转换思考角度，以使问题顺利解决的思维方法。例如，人人皆知的司马光砸缸的故事，实质上就是一个用转换型逆向思维法的例子。由于司马光不能用爬进缸中救人的手段解决问题，因此他就转换为另一手段——破缸救人，进而顺利地解决了问题。

（3）缺点逆向思维法

这是一种利用事物的缺点，将缺点变为可利用的东西，化被动为主动、化不利为有利的思维发明方法。这种方法并不以克服事物的缺点为目的，相反，它化弊为利，找到解决方法。例如，金属腐蚀是一种坏事，但人们利用金属腐蚀原理进行金属粉末的生产，或进行电镀等其他用途，无疑是缺点逆向思维法的一种应用。

3. 逆向思维的哲理故事

故事一：有一家人决定搬进城里，于是去找房子。全家共有三口人，夫妻两个和一个5岁的孩子。直到傍晚，他们才看到一张公寓出租的广告。于是，他们赶紧前去敲门询问。这时，温和的房东走出来，对这三位客人从上到下地打量了一番。丈夫鼓起勇气问道："这房屋出租？"房东遗憾地说："啊，实在对不起，我们公寓不招有孩子的住户。"丈夫和妻子听了，一时不知如何是好，于是，他们默默地走开了。那个5岁的孩子，把事情的经过都看在眼里。他不停地思考：真的就没办法了？他抬起那已经冻得通红的小手，又去敲房东的大门。这时，丈夫和妻子已走出5米远，都回头望着。

门开了，房东又出来了。这孩子精神抖擞地说："老爷爷，这个房子我租了。我没有孩子，我只带来两个大人。"房东听了之后，高声笑了起来，决定把房子租给他们住。

故事二：某时装店的经理不小心将一条高档裙烧了一个洞，其价值一落千丈。如果用织补法补救，也只是蒙混过关，欺骗顾客。这位经理突发奇想，干脆在小洞的周围又挖了许多小洞，并精心修饰，将其命名为"凤尾裙"。一下子，"凤尾裙"销路顿开，该时装商店也出了名。

故事三：一种高产量的土豆刚传到法国时，法国农民并不感兴趣。为了提倡种植这种土豆，法国政府进行了大量的宣传，但效果甚微。优良土豆一时被冷落。后来，有人出了一个"怪招"。不多久，人们突然发现，在各地种植土豆的试验田边，都有全副武装的哨兵日夜把守。一块庄稼地怎么会有哨兵把守呢？周围的农民觉得奇怪，他们判断：这里种植的东西一定非常贵。于是，他们经常趁着士兵"疏忽"时溜进试验田去偷土豆，然后小心翼翼地把偷来的土豆拿回家种在自家的地里，用心侍弄。一个季节下来，这种土豆的优点广为人知。新土豆就这样被推广到法国各地，成为最受法国农民欢迎的农作物之一。

故事四：20世纪60年代中期，在福特分公司任副总经理的艾科卡正在寻求方法改善公司业绩。他认为，改善公司业绩的关键在于推出一款设计大胆、能激发大众兴趣的新型小汽车。在确定了最终决定成败的人就是顾客之后，他便开始绘制战略蓝图。

以下是艾科卡如何从顾客着手，反向推回到设计一款新车的步骤：顾客买车的唯一途径是试车。要让潜在顾客试车，就必须把车放进汽车交易商的展室中。吸引交易商的办法是对新车进行大规模、富有吸引力的商业推广，使交易商本人对新车型感兴趣。因此，他必须在营销活动开始前将小汽车生产完成，并改进交易商的展车室。为达到这一目的，他需要得到公司市场营销和生产部门的支持。同时，他也意识到生产汽车模型所需的厂商、人力、设备及原材料都得由公司的高级行政人员来决定。艾科卡认真仔细地确定了为达到目的必须征求同意的人员名单后，就将整个过程倒过来，从头向前推进。

几个月后，艾科卡设计的新型汽车从流水线上生产出来了，并在20世纪60年代风行一时。它的成功也使艾科卡在福特公司一跃成为整个小汽车和卡车集团的副总裁。

故事五：茉莉亚是一个具有犹太血统的老人，退休后，她在学校附近买了一间简陋的房子。住下的前几周还很安静，不久就有三个年轻人开始在附近踢垃圾桶闹着玩。老人受不了这些噪声，出去跟年轻人谈判。

"你们玩得真开心。"她说，"我喜欢看你们玩得这样高兴。如果你们每天都来踢垃圾桶，我将每天给你们每人一块钱"。三个年轻人很高兴，更加卖力地表演"足下功夫"。不料三天后，老人忧愁地说："通货膨胀减少了我的收入，从明天起，只能给你们每人五毛钱了。"年轻人显得不大开心，但还是接受了老人的条件。他们每天继续去踢垃圾桶。一周后，老人又对他们说："最近没有收到养老金支票，对不起，每天只能给你们两毛钱了。""两毛钱？"一个年轻人脸色发青，"我们才不会为了区区两毛钱浪费宝贵的时间在这里表演呢，不干了"！

从此以后，老人又过上了安静的日子。

一切事物都有两面性，从相反的角度去思考，有时会有出乎意料的效果。逆向思维的最大特点，就在于改变常规的思考轨迹，用新的角度、新的方式研究和处理问题。

## （三）联想思维

联想思维是指人脑记忆表象系统中，由于某种诱因导致不同表象之间发生联系的一种没有固定思维方向的自由思维活动。其主要思维形式包括幻想、空想、玄想。其中，幻想，尤其是科学幻想，在人们的创造活动中具有重要的作用。

1. 联想思维的特征

①连续性。联想思维的主要特征是由此及彼、连续不断地进行，可以是直接的，也可以是迂回曲折地形成闪电般的联想链，而链的首尾两端往往是风马牛不相及的。

③形象性。由于联想思维是形象思维的具体化，其基本的思维操作单元是表象，是一幅幅画面。因此，联想思维和想象思维一样显得十分生动，具有鲜明的形象性。

③概括性。联想思维可以很快把联想到的思维结果呈现在联想者的眼前，而不顾及其细节如何，是一种整体把握的思维操作活动，因此可以说其有很强的概括性。

2. 联想思维的作用

①在两个以上的思维对象之间建立联系。通过联想，可以在较短时间内在问题对象和

某些思维对象间建立起联系，这种联系会帮助人们找到解决问题的答案。正如《科学研究的艺术》一书的作者贝弗里奇所说，独创性常常在于发现两个或两个以上对象或设想之间的联系或相似点，而原来认为这些对象或设想之间没有联系。

②为其他思维方法提供一定的基础。联想思维一般不能直接产生有创新价值的新的形象，但是，它往往能为产生新形象的想象思维提供一定的基础。

③活化创新思维的活动空间。联想，就像风一样，扰动了人脑的活动空间。由于联想思维有由此及彼、触类旁通的特性，它常常把思维引向深处或更加广阔的天地，导致想象思维的形成，甚至灵感、直觉、顿悟的产生。

④有利于信息的储存和检索。思维操作系统的重要功能之一，就是把知识信息按一定的规则存储在信息存储系统，并在需要的时候把其中有用的信息检索出来。联想思维就是思维操作系统中的重要操作方式。

3. 联想思维的类型

①相似联想。相似联想是指由于一个事物的外部构造、形状或某种状态与另一种事物类同、近似而引发的想象延伸和连接。

②相关联想。相关联想是指联想物和触发物之间存在一种或多种相同而又具有极为明显属性的联想。例如，看到鸟想到飞机。

③对比联想。对比联想是指联想物和触发物之间具有相反性质的联想。例如，看到白色想到黑色。

④因果联想。因果联想是指人们对事物发展变化的结果的经验性判断和想象，触发物和联想物之间存在一定因果关系。例如，看到蚕蛹就想到飞蛾，看到鸡蛋就想到小鸡。

⑤接近联想。接近联想是指联想物和触发物之间存在很大关联或关系极为密切的联想。例如，看到学生想到教室、实验室及课本等相关事物。

4. 联想思维的方法

（1）类比法

类比法是将陌生的对象与熟悉的对象，将未知的东西与已知的东西进行比较，从中获得启发而解决问题的方法。例如，浙江省某食品机械厂的技术人员去贵阳某糕点厂安装蛋卷机，在本厂使用得很满意的蛋卷机，在贵阳却不听使唤了，蛋卷坯子在卷制过程中碎掉了。他们在原料、配方、卷制尺度等很多方面花了许多时间也解决不了问题。后来，他们看到贵阳即便是阴天，晾在外面的湿衣服半天也能干，便想到丝绸厂空气湿度不当会造成断丝。蛋卷在卷制过程中碎掉可能与空气湿度有关，于是，他们采取了在本车间及机器内保湿加湿的措施，漂亮的蛋卷终于做出来了。

类比法分为直接类比、仿生类比、因果类比、对称类比。

①直接类比是指根据原型的启发，直接将一类事物的现象或规律用到另一类事物上。例如，日本在扣子上戳个小洞注入香水，做成"香扣子"。

②仿生类比是指通过仿生学对自然系统生物分析和类比的启发创造新方法。例如，根据气步甲虫（当它遇敌时会喷出一种液体"炮弹"），德国科学家研制了世界上先进的二元化学武器；由于狗鼻子灵敏，人们发明了"电子警狗"，灵敏度是普通狗的 1000 倍。

③因果类比是指根据某一事物的因果关系推出另一个事物的因果关系，而产生新成果

的类比方式。例如，美国教授根据浴池里的水流旋向，推断出台风旋向的结论。

④对称类比是指利用对称关系进行类比而产生新成果的类比方式。例如，原来化妆品是女人的专属，根据对称类比，男士化妆品应运而生。

（2）移植法

移植法是指把某一事物的原理、结构、方法、材料等转到当前研究对象中，从而产生新成果的方法。

移植法分为原理移植、结构移植、方法移植、材料移植。

①原理移植是指将某种科学技术原理转用到新的研究领域。例如根据贺卡，台湾一位业余发明家将其移植到汽车倒车提示器上，在倒车时会发出"倒车请注意"的提示音。

②结构移植是指将某事物的结构形式和结构特征转用到另一个事物上，以产生新的事物。例如，某公司为有口蹄疫地区的动物做了数双短筒拉链靴；美国将拉链移植到外科手术的缝合上。

③方法移植是指将新的方法转用到新的情境中，以产生新的成果。例如，香港某集团的总裁根据参观荷兰的"小人国"——荷兰风光的缩影，建成了"锦绣中华园"，年收入十分可观。

④材料移植是指将某种产品使用的材料移植到别的产品制作上，以达到更新产品、改善性能、节约材料、降低成本的目的。例如，亚硫酸锌具有白天能吸收光线、夜间发光的特性，有人将它用于制造电器开关、夜光工艺品、夜光航标灯、夜光门牌等。

## （四）组合思维

组合思维又称连接思维或合向思维，是指把多项貌似不相关的事物通过想象加以连接，从而使之变成彼此不可分割的新的整体的一种思考方式。例如，在一次国际酒类展销会上，各国代表都拿出自己国家的名酒进行展示：中国——茅台酒，俄罗斯——伏特加，英国——威士忌，意大利——葡萄酒，法国——香槟，美国——鸡尾酒。

1. 组合思维的特征

（1）创新性

许多科学家认为知识体系的不断重新组合是人类知识不断丰富发展的主要途径之一，从这个角度看，近现代科学的三次大创造是由三次大组合所带来的。第一次大组合是牛顿组合了开普勒天体运行三定律和伽利略的物体垂直运动与水平运动规律，从而创造了经典力学，引起了以蒸汽机为标志的技术革命。第二次大组合是麦克斯韦组合了法拉第的电磁感应理论和拉格朗日、哈密顿的数学方法，创造了更加完备的电磁理论，因此引发了以发电机、电动机为标志的技术革命。第三次大组合是狄拉克组合了爱因斯坦的相对论和薛定谔方程，创造了相对量子力学，引起了以原子能技术和电子计算机技术为标志的新技术革命。

（2）时代性和继承性

例如，电视＋电话＝可视电话；数据＋文字＋图像＋声音＝多媒体；电子管＋电阻＋电容＝集成电路；台秤＋电子计算机＝电子秤；飞机＋飞机库＋军舰＝航空母舰；手枪＋消音器＝无声手枪；自行车＋电机＋蓄电池＝电动自行车。

2. 组合思维的类型

（1）同类组合

同类组合是若干相同事物的组合。参与组合的对象在组合前后的基本原理和结构一般没有根本的变化，往往具有组合的对称性或一致性的趋向。例如，双向拉锁、鸡尾酒、双排订书机、多缸发动机、双头液化气灶、双层文具盒、三面电风扇、双头绣花针、由3000个易拉罐组合在一起的汽车、由1000只空玻璃瓶组合在一起的埃菲尔铁塔等。

（2）异类组合

异类组合是两种或两种以上不同领域的技术思想的组合，是两种或两种不同功能物质产品的组合。组合对象（技术思想或产品）来自不同的方面，一般无主次关系。参与组合的对象从意义、原子、构造、成分、功能等任一方面和多方面互相渗透，整体变化显著。异类组合是异类求同的创新，创新性很强。例如，居住在我国云南哀牢山地区的彝族人将火药、铅块、铁矿石渣、铁锅碎片等物放入一个掏尽籽的干葫芦里，在葫芦颈部塞入火草作为引火物，把葫芦装进网兜。这就是一个异类组合创造——"葫芦飞雷"，它被称为世界上最早的手榴弹。被组合的东西（火药、铅块、铁矿石渣、铁锅碎片等物）是旧的，组合的结果（"葫芦飞雷"）是新的。把旧变新、由旧出新，这就是创造。

（3）重组组合

重组组合就是在事物的不同层次分解原来的组合，然后按照新的目标重新安排的思维方式。重组作为手段，可以更有效地挖掘和发挥现有技术的潜力。例如，飞机的螺旋桨装在尾部就是喷气式飞机，装在顶部就是直升机。又如，积木、变形金刚、七巧板等玩具，都有利于儿童建立重组意识，培养重组能力。

（4）共享与补代组合

共享组合是指把某一事物中具有相同功能的要素组合到一起，达到共享的目的，如蒸汽机的使用（火车、轮船、发电等）、内燃机的使用（汽车、火车、飞机）、微机的使用（电脑控制的各种仪器设备）。补代组合是指通过对某事物的要素进行摒弃、补充和替代，形成一种在性能上更为先进、新颖、实用的新事物，如洗衣机、电视机、微机的更新换代，手机、照相机的更新换代。

（5）概念组合

概念组合就是以词类或命题进行的组合，如绿色食品、阳光拆迁、阳光录取、音乐餐厅、裴多菲俱乐部等。

（6）综合

综合是指为了完成重大课题，在已有的学科、原理、知识、方法、技术不能解决时，创造出新的学科、新的原理、新的方法和新的技术，并对其进行重新组织和安排的思维过程。例如，肯尼迪召集美国各有关部门首脑商量对策，宣布："美国将第一个登上月球。"1961年5月25日，肯尼迪在题为"国家紧急需要"的特别咨文中，提出在10年内将美国人送上月球，他说："我相信国会会同意，必须在10年内，将美国人送上月球，并保证其安全返回。""整个国家的威望在此一举。"于是，美国宇航局制订了著名的"阿波罗"登月计划。阿波罗是古代希腊神话传说中掌管诗歌和音乐的太阳神，传说他是月神的同胞姐弟，曾用金箭杀死巨蟒，替母亲报仇雪恨。美国政府选用这位能报仇雪恨的太阳神来命名登月计划，其决心可想而知。在美国宇航局的组织下，2万多家厂商，120多个职业院校和科研所，400多万人参加，开发项目1300多个，共耗资250亿美元，历时9年，整个系统共使用300多万个零部件。

3. 组合思维的方法

（1）主体附加法

主体附加法是指以某一特定的对象为主体，通过置换或插入其他技术或增加新的附件而使发明或创新诞生的方法。例如，电扇加定时器、电冰箱加温度显示器、彩色电视机上附加一个遥控器、带橡皮头的铅笔、含微量元素的食品等。

（2）二元坐标法

二元坐标法就是将平面直角坐标系在两条数轴上的标点（元素），按照顺序轮番地进行两两组合，然后选出有意义的组合物的创新方法。例如，床与沙发组合成沙发床，床与衣柜组合成床头柜，床与镜子组合成床头镜，等等。示例如图2-1所示。

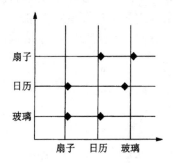

图 2-1 二元坐标法应用示例

（3）焦点法

焦点法是指以一预定事物为中心，依次与罗列的各元素一一构成联想点，寻求新产品、新技术、新思想的推广应用和对某一问题的解决途径。示例如图2-2所示。

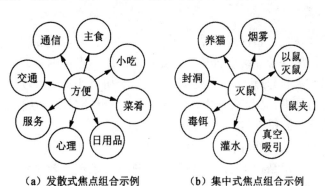

（a）发散式焦点组合示例　　（b）集中式焦点组合示例

图 2-2 焦点法应用示例

（4）形态分析法

形态分析法就是通过对研究对象相关形态要素的分析和重新组合，全面寻求各种解决问题方案的方法。例如。要想为公园游人设计出新颖别致的小游船，应分析其独立要素——船的外形、动力、材料。找出每一独立要素的解决途径，如材料可以选用木材、钢材、玻璃钢、塑料、水泥、铝合金、橡胶板等；动力可以采用划桨、脚踏螺旋桨、电动螺旋桨、明轮、喷水等；外形可以用鸳鸯、鹅、龙、龟等。然后，把这三种要素的各种材料再进行组合。

### （五）延伸思维

所谓延伸思维，就是借助已有的知识，沿袭前人的思维逻辑去探求未知的知识，将认识向前推移，从而丰富和完善原有知识体系的思维方式。

#### 1. 延伸思维的特征

延伸思维是对某一事物认识上纵向伸展、延长的一种思维方式。其特征有两个：一是前瞻性，能够预见某一事物未来发展变化的趋势；二是深入性，能够洞察某一事物在更深层次上的内涵。如果具体到新闻，延伸思维的前瞻性，即对那些已经发生或还只是处于苗头状态的新闻事件，能够有一个比较准确的预测，知道下一步将会怎样变化，以便有意识地捕捉到更多有价值的新闻素材，并在第一时间写出读者需要的稿件。

延伸思维通过对事物的联系方式和相互作用的认知，表现为一种见微知著、见局部知整体、见个别知全貌、见过去知未来、见已知洞悉未知的能力。

#### 2. 延伸思维的案例

用质优的产品、良好的服务、低廉的成本、大力度的宣传等去赢得市场，已经是经营者普遍采用的营销策略。倘若想在市场竞争中独占鳌头，经营者必须有自己独特的思维方法。在美国当年的淘金热中，做着淘金致富美梦的淘金者何止千万。然而，哈默尔看到成千上万的淘金者需要喝水时，他当机立断，放弃淘金改为卖凉水。延伸思维让哈默尔成为富翁，哈默尔也成为用延伸思维捕捉市场的典型。

### （六）综合思维

综合思维是把某一事物的某些要素分离出来，组接到另一事物或事物的某些要素上的创造性、创新性思维的过程。

#### 1. 综合思维的内涵

综合思维是掌握系统、整体及其结构层次上的综合，有着更高层次的认识基点。在综合基础上的分析，即从综合到综合分析，才是认识的制高点。因此，综合思维把相关事物的整体作为认识的前提和起点，对事物的整体进行分析以达到对事物整体的把握。综合思维中的分析是综合的分析，以综合作为认识的起点，并以综合作为认识的归属，是"综合—综合分析—新的综合"的思维过程。

任何事物都是作为系统而存在的，都是由相互联系、相互依存、相互制约的多层次、多方面的因素，按照一定结构组成的有机整体。这就要求创新者在思维时，将事物放在系统中思考，进行全方位、多层次、多方面的分析与综合，找出与事物相互作用、相互制约、相互影响的内在联系。而不是孤立地观察事物，也不只是利用某一种方法思维，应是多种思维方式的综合运用。不是只凭借一知半解、道听途说，而是详尽地掌握大量的事实、材料及相关知识，运用智慧杂交优势，发挥思维的统摄作用，深入分析，把握特点，找出规律。

这种"由综合而创造"的思维方式，体现了对已有智慧、知识的杂交和升华，不是简单的相加、拼凑。综合后的整体大于原来部分之和，综合可以变不利因素为有利因素，变平凡为神奇。这个过程是从个别到一般、由局部到全面、由静态到动态的矛盾转化过程，是辩证思维的运动过程，是认识、观念得以突破从而形成更具普遍意义的新成果的过程。

"盲人背瘸子"就是综合思维的形象事例。盲人看不见，瘸子跑不动，房子着了火谁也跑不掉。但是盲人背瘸子，二人都发挥了自己的优势，不仅可以跑还可以看，而且比常人"站得高看得远"。

2. 综合思维的特征

①综合思维方式的对象是外在客观事物，它把外在的客观事物看作多种要素相互联系、相互作用的有机整体。

②综合思维是多角度、多途径的想象组合。

③综合思维是超越时空、大范围、大跨度的想象组合，是思维想象的飞升。

④综合思维渗透着非逻辑因素，可以是逻辑框架内超常规的甚至非逻辑的要素组合。综合思维是把不同领域中的几种原理或技术置于正在思考的创造对象中去，组合形成了一种新的综合型产品。这里所说的综合，可以从以下两个方面进行思考。一是多角度、多途径的综合，这是从不同角度、不同途径构成的想象组合，可以是同类的组合，也可是异类的组合。美国《读者文摘》的创刊是"组合"成果的一个例子。第一次世界大战后，沃利斯将各种杂志中优秀文章的精华汇集在一本期刊中，至今一直深受读者欢迎。二是超时空的组合，这是一种大范围、大跨度的组合，是组合思路的深化，虽然组合的技法难度加大，但组合的结果更为新颖。例如，儿童"少帅服装"及仿唐装服饰等，服装设计是与历史结合的结果。

创造性思维是高级综合性的思维活动。这里提到的"创造活动"是广义的，应当包括给出新的概念，做出新的判断，提出新的假设、新的方法、新的理论，有新的发现，产生新的技术、新的产品等。"创造过程"应从整体进行系统综述。

## （七）纵向思维

所谓纵向思维，是指思维从对象的不同层面切入，纵向跳跃、突破、递进、渐变的联系过程。具有这种思维特点的人，对事物的见解往往入木三分、一针见血，对事物的动态把握能力较强，具有预见性。纵向思维是指在一种结构范围内，按照有顺序的、可预测的、程式化的方向进行的思维形式，这是一种符合事物发展方向和人类认识习惯的思维方式，遵循由低到高、由浅到深、由始到终等原则，因而清晰明了、合乎逻辑。我们平常的生活、学习中大都采用这种思维方式。

1. 纵向思维的特点

①由轴线贯串的思维进程。当人们在对事物进行纵向思维时，会抓住事物的不同发展阶段所具有的特征进行考量、比照、分析。事物体现出发生发展等连续的动态演变特性，而所有片段都由其本质轴线贯串始终。如人类历史由人类的不同发展历史串联而成，这里的时间轴是最常见的一种。特别是在各种各样的专项研究中，轴的概念类型更加丰富，例如，在物理研究中，水在不同温度中表现的物理特性，则是由温度轴来贯串的。

②清晰的等级、层次、阶段性。纵向思维能够考查事物背景参数由量变到质变的特征，能够准确把握临界值，清晰界定事物的各个发展阶段。

③良好的稳定性。运用纵向思维，人们会在设定条件下进行一种沉浸式的思考，思路清晰、连续、单纯，不易受干扰。

④目标性、方向性明确。纵向思维有着明确的目标，执行时就如同导弹根据设定的参数锁定目标一样，直到运行条件溢出才会终止。一旦条件满足、时机成熟就会死灰复燃，不死不休。

⑤强烈的风格化特点。纵向思维本身的种种专精特质，决定了其具有极高的严密性、独立性，个性突出，难以被复制。

2. 纵向思维的类型

纵向思维可以分为以下几种：①按结构分为骨头上长肉型、召唤聚合型、回心型、离心型；②按虚实分为物质的、现实的、经验的、文化的、精神的、想象的；③按主体分为主流、官方、正规、山寨、成熟、潮流、边缘、传统；④按价值分为投资型、消费型、增长型、衰变型；⑤按审美分为时尚、经典、通俗。

事物发展的过程性是纵向思维得以形成的客观基础，任何一个事物都不会无中生有，它本身有一个萌芽、成长、壮大、发展和衰亡的过程，并且在这个发展过程中可捕捉到事物的规律性，纵向思维就是对事物发展过程的反映。因此，纵向思维是我们在日常生活、形势分析、科学研究中经常用到的方法。

## （八）横向思维

横向思维是指人的思维有其横向发展的特点。具有这种思维特点的人，思维面宽广，且善于举一反三。有一个形象的比喻，这种思维就像河流一样，遇到宽广处，很自然地就会蔓延开来，但欠缺的是深度。

1. 横向思维的主要方法

爱德华·德波诺提出了一些促进横向思维的方法：①对问题本身提供多种选择方案（类似发散思维）；②打破定式，提出富有挑战性的假设；③对头脑中冒出的新主意不要急着做是非判断；④反向思考，用与已建立的模式完全相反的方式思维，以产生新的思想；⑤对他人的建议持开放态度，让一个人头脑中的主意刺激另一个人头脑里的东西，形成交叉刺激；⑥扩大接触面，寻求随机信息刺激，以获得有益的联想和启发（如到图书馆随便找本书翻翻，从事一些非专业工作等）。

2. 横向思维的哲理故事

故事一：两个妇女被带到所罗门王面前，她们都自称是一个婴儿的母亲。所罗门王下令将那个婴儿切成两半，给两个妇女一人一半。所罗门王的本意是要处以公正，将婴儿救下，但这条命令乍听起来显然与此背道而驰。然而最终的结果是发现了真正的母亲：她宁愿让另一个母亲占有自己的孩子也不愿让他死去。

故事二：纵向思维需要步步正确，但横向思维可能要绕个弯，甚至是逆向而行，但有效地解决了棘手的难题。战国时代齐将田忌与齐王赛马，孙膑所出主意"今以君之下驷与彼之上驷，取君上驷与彼中驷，取君中驷与彼下驷"，终使田忌三局两胜，得金五千。这也是利用横向思维产生奇思妙想的实例。

故事三：在美国的一个城市里，地铁里的灯泡经常被偷，这会导致安全问题。接手此事的工程师在不能改变灯泡的位置，也没多少预算可以使用的前提下，提出了一个非常好的横向解决方案，是什么方案呢？

这位工程师把电灯泡的螺纹改为左手方向或者逆时针方向，而不再用传统的右手方向或顺时针方向，这意味着当小偷认为他们正在试图拧下电灯泡时，实际上他们反而是在拧紧它们。

故事四：在美国许多商店把价格定得略微低于一个整数，如 9.99 美元而不是 10 美元，或者 99.95 美元而不是 100 美元。这种定价方式最初始的目的是什么呢？一开始的做法是为了保证店员不得不在每笔交易中打开放钱的抽屉，找零钱给顾客。这样商家就会把销售收入记录下来，并且使得店员不能把这些钱据为己有。

故事五：在加利福尼亚淘金热期间，一位年轻的创业者怀着把帐篷卖给矿工的想法来到此地。他认为，成千上万的人聚集在一起找金矿，那里肯定会有一个非常好的帐篷市场。不幸的是天气非常温暖，矿工们都是露天睡觉，没有多少人买他的帐篷。他该怎么办呢？他把他帐篷上的粗棉布割下来，然后用它做成裤子卖给矿工们。这个人的名字是莱维·施特劳斯。通过适应市场环境和创新，他得以创造了一个一直持续到今天的品牌。

创新思维的形式是多种多样的，我们只有真正理解、掌握创新思维的多样性，在实践中灵活运用创新思维的多种形式，才能自由地步入创新王国，获取创新的丰硕成果。

## 五、逻辑思维和创新思维的关系

逻辑思维是指按照严格的逻辑结构、规范，采用严密的逻辑推理方法进行的由因导果或执果溯因的思维活动形式。

人在逻辑思维过程中，能否激发或显示创新能力呢？答案应该是肯定的。尽管有的学者认为，逻辑思维是从两个前提，即大前提和小前提出发，推出一个结论的，显然这个结论应该是包含在大前提中的，所以逻辑推理的结果是没有创新、创造的含义的。但大量的社会实践能够表明，逻辑思维能够显现创新能力应该是确信无疑的。

①在对人们获得创新成果，无论是发明成果，还是发明成果的全过程的研究中可以发现，几乎没有一种创新成果是完全离开逻辑思维而获得的，而有的创新成果的获得则完全是逻辑推理的结果。

②逻辑推理的基本思维模式是三段论证，但在实际的思维活动中，绝大多数思维并不仅仅是由一个三段论证来组成和完成的，而是由一个接一个的三段论证来组成的，它们组成了逻辑推理的思维链。在这个思维链中，前一个三段论证所得到的结论，也就成为下一个三段论证的条件，而问题又恰恰在于这些在论证过程中逐步发现、逐步推得的判断。在实际工作中，完成一个三段论证，对许多人来说，也许并不困难，但要完成一个思维链，可能就有相当多的人无法完成，说明这时就有极高的思维能力要求和创新性的要求。

③逻辑思维的目标当然是要得到思维的成果，但要获得思维成果，必定先要同时找到、想出推理或证明方法，而这种推理或证明方法的获得本身也是一种发现结果，也是创新成果。在科学发展史上，有许多以找到一种具体的证明方法为目标的创新活动，有的科学家、学者为了寻找、探求和发现一种推理论证的方法，甚至不惜耗费他一生的精力和心血。

④人们在实践工作或研究活动中具体进行逻辑思维的时候，由于可以用作大前提、小

前提的条件、性质或判断本身是具有多元性的，这样无论是从这些性质中选择具体的大前提、小前提，还是根据确定的大前提、小前提来推断相应的结论，都会出现多种可能性。人们在逻辑思维的过程中，考虑多种可能情况，并从中筛选出有价值的，甚至是具有突破性的结果，显然也就是完整的创新性思维的过程，所以在这一过程中，是能够激发和显示人的创新性的。

⑤逻辑思维的创新性表现的一个非常重要的方面就是逻辑否定。在实际工作中，形成某一种结果的原因可能有很多，设想的情况可能也很多，然而从实际发生来讲，就只可能是一种情况，而为了确认其中真正发生的某种情况，就必须将其他种种情况逐一地加以否定、排除，而在这样一个逐步否定、排除的过程中，就逐渐发现了问题的症结所在。这样一种否定，就是逻辑否定，当然它属于逻辑思维的范畴，然而思维的结果完全是有创新性的。

# 第二节　创新思维训练方法

创新思维是思维的一种高级形式，它具有跳跃性、发散性、独创性等鲜明特征。一般来讲，以模仿思维为主的常规思维方式，比较适合已知的世界。在这个世界中，人们的思维活动通常是在模仿以前的成熟经验或他人的成功方法，这种做法可以帮助人们节省思考摸索的时间和精力，少走弯路，从而提高思维效率。但是，这种思维方式一旦进入未知的世界，由于人们没有可参照的模仿对象，它就不再适用，这时候人们就需要启动一种新的思维方式来适应陌生的环境，这种思维方式就是创新思维。

当人们面对的情境越陌生，面对的问题越深奥时，模仿思维所能起的作用就越小，可以说越是在高层次的智力活动中，人们越需要创造力，对创新思维的需求就越大。众所周知，超强的记忆力可以造就一个学习天才，但一旦进入应用领域，初级智能记忆力所能起的作用就非常有限了，不论是观察、分析，还是设计、决策，最需要的都是高级智能创造力。许多在学校成绩出众的优等生到了社会上却变得平庸无奇，关键就是他们在高级智能方面缺乏培养。因此，众多的专家学者认为，创新思维是人类思维活动中最积极、最活跃和最富有成果的一种思维形式，创新思维比模仿思维更能体现人的主观能动性。假如人类不懂得创新思维，也许今天仍生活在茹毛饮血、刀耕火种的蒙昧时代。从钻燧取火到大规模使用火柴，从驾驭牲畜到驱使机械汽车，从农业经济社会到创意经济社会，从知识短缺时代到信息爆炸时代，人类能够一步步走到今天，超越万物，主宰世界，靠的就是不断地创新。

现在的社会是一个不断发展的社会，每一天都在不断地创新、不断地进步。我们知道社会需要一些新的东西来推动其发展，同时要想取得成功也需要有足够的创新思维。如果一味地模仿前人的脚步，只能落后于人，很难取得突破。所以我们要在生活、学习、工作中培养良好的创新思维，掌握创新思维训练方法。

## 一、头脑风暴法

### （一）头脑风暴法的定义

头脑风暴法出自"头脑风暴"一词。"头脑风暴"最早是精神病理学上的用语，它是针对精神病患者的精神错乱状态而言的，现在转为形容无限制的自由联想和讨论，其目的在于产生新观念或激发创新设想。

头脑风暴法又称智力激励法、自由思考法，是由美国创造学家奥斯本于1939年首次提出、1953年正式发表的一种激发性思维的方法。此法经各国创造学研究者的实践和发展，至今已经形成了一个发明技法群，如奥斯本智力激励法、默写式智力激励法、卡片式智力激励法等。

在群体决策中，群体成员易屈于权威或大多数人的意见，形成所谓的"群体思维"。群体思维削弱了群体的批判精神和创造力，损害了决策的质量。为了保证群体决策的创造性，提高决策质量，人们创新了一系列改善群体决策的方法，头脑风暴法是较为典型的一种。

头脑风暴法可分为直接头脑风暴法（通常简称"头脑风暴法"）和质疑头脑风暴法（也称反头脑风暴法）。前者是在专家群体决策中尽可能激发创造性，产生尽可能多的设想的方法；后者则是对前者提出的设想、方案逐一质疑，分析其现实可行性的方法。

采用头脑风暴法组织群体决策时，要集中有关专家召开专题会议，主持者以明确的方式向所有参与者阐明问题，说明会议的规则，尽力创造融洽轻松的会议气氛。主持者一般不发表意见，以免影响会议的自由气氛，由专家们自由提出尽可能多的方案。

### （二）头脑风暴法的激发机理

头脑风暴法何以能激发创新思维？根据奥斯本及其他研究者的看法，主要有以下几点。

①联想反应。联想是产生新观念的基本过程。在集体讨论问题的过程中，每提出一个新的观念，都能引发他人的联想，相继产生一连串的新观念，产生连锁反应，形成新观念堆，为创造性地解决问题提供更多的可能性。

②热情感染。在不受任何限制的情况下，集体讨论问题能激发人的热情。人人自由发言、相互影响、相互感染，能形成热潮，突破固有观念的束缚，最大限度地进行创造性思维。

③竞争意识。在有竞争意识的情况下，人人争先恐后，竞相发言，不断地开动思维机器，力求有独到见解、新奇观念。心理学的原理告诉我们，人类有争强好胜的心理，在有竞争意识的情况下，人的心理活动效率可提高50%或更多。

④个人欲望。在集体讨论解决问题的过程中，个人的欲望自由，不受任何干扰和控制，是非常重要的。头脑风暴法有一条原则，即不得批评仓促的发言，甚至不许有任何怀疑的表情、动作、神色。这就能使每个人畅所欲言，提出大量的新观念。

### （三）头脑风暴法的组织形式及类型

1. 组织形式

①参加人数一般为 5 ~ 10 人（课堂教学也可以班为单位），最好由不同专业或不同岗位人员组成。

②会议时间控制在一小时左右。

③设主持人一名，主持人只主持会议，对设想不做评论。设记录员一两名，要求其认真将与会者的每一个设想都完整地记录下来。

2. 会议类型

①设想开发型。这是为获取大量的设想、为课题寻找多种解题思路而召开的会议，因此，要求参与者善于想象，语言表达能力要强。

②设想论证型。这是为将众多的设想归纳转换成实用型方案召开的会议，要求与会者善于归纳、善于分析判断。

### （四）头脑风暴法的原则

为使与会者畅所欲言，互相启发和激励，达到较高效率，必须严格遵守下列原则。

①禁止批评和评论，也不要自谦。对别人提出的任何想法都不能批判、不得阻拦。即使自己认为是幼稚的、错误的，甚至是荒诞离奇的设想，亦不得予以驳斥；同时也不允许自我批判，在心理上调动每一个与会者的积极性，避免出现"扼杀性语句"和"自我扼杀性语句"。诸如"这根本行不通""你这想法太陈旧了""这是不可能的""这不符合××定律"，以及"我提一个不成熟的看法""我有一个不一定行得通的想法"等语句，禁止在会议上出现。只有这样，与会者才可能在充分放松的心境下，在别人设想的激励下，集中全部精力开拓自己的思路。

②目标集中，追求设想数量，越多越好。在头脑风暴法实施会上，只强调大家提设想，越多越好。

③鼓励与会者巧妙地利用和改善他人的设想，是激励的关键所在。每个与会者都要从他人的设想中激励自己，从中得到启示，或补充他人的设想，或将他人的若干设想综合起来提出新的设想等。

④与会人员一律平等，各种设想全部记录下来。与会人员，不论是该方面的专家、员工，还是其他领域的学者，以及该领域的外行，一律平等；各种设想，不论大小，甚至是最荒诞的设想，记录人员也要认真地将其完整地记录下来。

⑤主张独立思考，不允许私下交谈，以免干扰别人的思维。

⑥提倡自由发言，畅所欲言，任意思考。会议提倡自由奔放、随便思考、任意想象、尽量发挥，主意越新、越怪越好，因为它能启发人推导出好的观念。

⑦不强调个人的成绩，应以小组的整体利益为重。注意和理解别人的贡献，人人创造民主环境，不以多数人的意见阻碍个人新的观点的产生，激发个人追求更多更好的主意。

### （五）头脑风暴法的实施流程

①准备阶段。准备阶段包括提出问题、组建头脑风暴小组、培训主持人和组员及通知会议的内容、时间和地点。

②热身活动。为了使头脑风暴会议在热烈和轻松的氛围中进行，使与会者的思维活跃起来，可以做一些智力游戏，如猜谜语、讲幽默小故事等。

③明确问题。由主持人向大家介绍所要解决的问题，提的问题要简单、明了、具体。对一般性的问题要把它分成几个具体的问题。例如，"怎样引进一种新型的合成纤维？"

这个问题很不具体，至少应该分成三个小问题：第一，提出把新型纤维引入纺织厂的方法；第二，提出一些将新型纤维引进服装店的设想；第三，提出一些将新型纤维引进零售商店的设想。

④自由畅谈。由与会者自由地提出设想。主持人要坚持原则，尤其要坚持严禁评判的原则。对违反原则的与会者要及时制止，如其坚持不改可劝其退场。会议秘书要对与会者提出的每个设想予以记录或进行现场录音。

⑤会后收集设想。在会议的第二天再向与会者收集设想，这时得到的设想往往更富有创见。如果问题未能解决，可重复上述过程。由原班人马进行讨论时，要从另一个侧面或用最广义的表述来讨论课题，这样才能变已知任务为未知任务，使与会者的思路改变。

⑥评判组会议。对头脑风暴会议所产生的设想进行评价与优选应慎重行事。务必要详尽细致地思考所有设想，即使是不严肃的、不现实的或荒诞无稽的设想亦应认真对待。

## （六）主持人技巧

①主持人应懂得各种创造思维和技法，会前要向与会者重申会议应严守的原则和纪律，善于激发成员思考，使场面轻松活跃而又不失脑力激荡的规则。

②可轮流发言，每轮每人简明扼要地说清楚一个创意设想，避免形成辩论会，产生发言不均的现象；要以赏识激励的词句、语气和微笑、点头的行为语言，鼓励与会者多提出设想，如说"对，就是这样""太棒了""好主意，这一点对开阔思路很有好处"等。

③禁止使用的话语，如"这点别人已说过了""实际情况会怎样""请解释一下你的意思""就这一点有用""我不赞赏那种观点"等。

④经常强调设想的数量，如平均三分钟内要发表十种设想。

⑤遇到人人都才穷计短出现暂时停滞时，可采取一些措施。例如，休息几分钟，自选休息方法，散步、唱歌、喝水等，再进行几轮脑力激荡；或发给每人一张与问题无关的图画，要求讲出从图画中所获得的灵感。

⑥要掌握好时间，会议持续一小时左右，形成的设想应不少于100种。但最好的设想往往是会议要结束时提出的，因此，到了预定结束的时间可以根据情况再延长五分钟，这是人们容易提出好的设想的时候。在一分钟时间里再没有新主意、新观点出现时，头脑风暴会议可宣布结束或告一段落。

## （七）头脑风暴法的典型案例

案例一：在北美地区，冬天常降大雪，传输电力的电缆上经常积满冰雪，大跨度的高压电缆常被积雪压断，由此造成长时间的断电事故，严重影响人们的生活。过去，许多人试图解决这一问题，但都未能如愿以偿。后来某电信公司经理决定采用头脑风暴法来寻求问题的答案。他在做了一定的准备工作之后，召开了头脑风暴会议，与会人员在会上自由畅谈，开始时人们提出了一些设想：采用专用电缆清雪机；采用电热化解积雪；采用振荡技术清除积雪……好一阵子，人们陷入沉思中，似乎别无良方。

突然有人幽默地提出："带上大扫帚乘直升机沿着线路去扫雪！"有一位工程师却因此触发了灵感，他想，用扫帚扫不可行，但直升机螺旋桨旋转产生的风力不正可以起到扫雪的作用吗？于是一种简单可行、高效率的清雪方案诞生了。

公司会后对设想进行了分类评判，最后确定了用改进的直升机扇雪的方案。

案例二：某头脑风暴会议就"怎样破核桃壳"展开了热烈的讨论，会议内容如下。

主持人：今天会议要解决的问题是如何砸核桃才能砸得多、快、好。大家有什么好办法？

甲：平常在家里是用牙嗑、用手掰、用门掩、用榔头砸或用钳子夹。

主持人：大家再想一想，用什么样的力才能把核桃砸开，用什么办法才能得到这些力？

甲：需要加一个集中挤压力，用某种东西冲击核桃，就能产生这种力，或者用核桃冲击某种东西！（逆向思维开始产生）

乙：可用气动机枪往墙上射击核桃，可以用装泡沫塑料弹的儿童气枪射击。

丙：当核桃落地时，可以利用重力砸核桃。

丁：核桃壳很硬，应该先用溶剂加工，使它们软化、溶解，或者使它们变得较脆。要使核桃变脆，可以冷冻。

主持人：鸟儿用嘴啄果壳或者飞得高高的，把核桃扔到硬地上。我们应该将核桃装在袋子里，从高处如直升机上、电梯上等往硬的物体（如水泥板）上扔，然后把摔碎的核桃抬起来。（类比）

主持人：如果我们运用逆向思维来解决问题，又会怎样？

丁：可以把核桃放在空气室里，往里加高压打气，然后使空气室里压力锐减，因为内部压力不能立即降低，这时，内部气压使核桃破裂（发展了上一个设想）。或者使空气里的压力交替地剧增与锐减，使核桃壳处于负荷状态。

在这次头脑风暴会议中，短短10分钟就产生了40种设想，其中一个方案（使空气压力超过大气压力并随即降到大气压力以下，核桃壳破裂，核桃仁保持完好）获发明专利。

## 二、组合创新法

### （一）组合创新法的定义

组合创新法是将两个及两个以上的技术因素或按不同技术制成的不同物质，通过巧妙的组合或重组，获得具有统一整体功能的新产品、新材料、新工艺等的一种创造方法。日本创造学家菊池诚博士说过："我认为从事发明有两条路，第一条是全新的发现，第二条是把已知其原理的事实进行组合。"

组合的现象十分普遍。小到儿童的积木，大到遨游太空的航天飞机，任何一项技术的发展和完善，特别是重大技术的改造，都离不开组合。例如，遥感技术是以微波技术和红外技术为结合点，将照相技术、扫描技术、自动控制技术和电子计算机技术等组合在一起形成的。

组合不是将研究对象进行简单的叠加或初级的组合，而是在分析各个构成要素基本性质的基础上，综合其可取的部分，使综合后所形成的整体具有优化的特点和创新的特征。许多杰出的创造性思维的精神产物与物质产物，都是由人类点滴积累的思维材料经过综合处理或个性加工而实现的。例如，轮子与轿子的综合产生了轿车，轮子与舟楫的综合产生了轮船，而"阿波罗"登月的壮举则是由空前的大综合实现的大创造。

因此，组合创新法是人类运用已有文明成果的智慧，它往往是支付较少、收获甚丰的创造方式。

正如一位哲学家所说："组织得好的石头能成为建筑，组织得好的词汇能成为漂亮的文章，组织得好的想象和激情能成为优美的诗篇。"事实上，任何美术作品都是色彩和图案的组合，任何一部电影都是大量的镜头的有机组合。古人说："声不过五，五声之变不可胜听也。"有限音符的组合可以产生无尽的乐章。世间的事物又何止千万，它们的组合更会永无穷尽。这正如万花筒里的菱花，其实只是由有限的几个图形元素和色彩元素拼组而成的，但变化万千、永不重复，每次呈现的都是一个唯一。而我们要做的，就是让它旋转起来。

## （二）组合创新法的形式

### 1. 功能组合

功能组合是指把不同物品的不同功能、不同用途组合到一个新的物品上，使之具有多种功能和用途。例如，按摩椅就是按摩功能和椅子功能的结合体，具有计算功能的闹钟也是一种新的组合。

### 2. 意义组合

意义组合是指组合功能不变，但组合之后被赋予新的意义。例如，在文化衫上印上旅游景点的标志和名字，就变成了具有纪念意义的旅游商品。

### 3. 构造组合

构造组合是指把两种东西组合在一起，使其具有新的结构并带来新的实用功能。例如，房车就是房屋与汽车的组合，它不仅可以作为交通工具，还可以作为居住的场所。

### 4. 成分组合

成分组合是指将成分不相同的两种物品组合在一起，构成一种新的产品。例如，柠檬和红茶组合在一起，就开发出了柠檬茶。调酒师调制鸡尾酒采用的也是一种不同的成分组合。

### 5. 原理组合

原理组合是指把原理相同的两种物品组合在一起，产生一种新产品。例如，将几个相同的衣服架组合在一起，就可构成一个多层挂衣架，以分别挂上衣和裤子，从而达到充分利用衣柜空间的目的。

### 6. 材料组合

不同材料组合在一起，不仅可以改善原物品的功能，还能带来新的经济效益。例如，现在电力工业使用的远距离电缆，其芯用铁制造，而外层则用铜制造，由两种材料组合制成的新电缆，不仅保留了原有材料的优点（铜的导电性能好，铁的硬度好，不易下垂），还大大降低了输电成本。

## （三）组合创新法的分类

人们在思考时往往会不自觉地沿用传统思维，受到习惯性思维和陈规的束缚，思考面窄、缺乏创意。要改变这种状况，就必须自我激励，激荡思维，发掘自己的创造力，摆脱思维定式的束缚。组合创新是一种极为常见的创新方法，目前大多数创新的成果都是通过这种方法取得的。组合的类型多种多样，庄寿强等在《普通创造学》一书中，根据参与组合的因子的性质、主次及组合的方式，将组合大体分为四类。

1. 主体附加法

主体附加法又称添加法、主体内插式法，是指以某一特定的事物为主体，通过补充、置换或插入新的事物，而得到新的有价值的整体的方法。例如，最初的洗衣机只有搓洗功能，以后增加了喷淋、甩干装置，使洗衣机有了漂洗和烘干功能；电风扇开始也只有简单的吹风功能，后来逐渐增加了控制摇头、定时、变换风量等的装置后，才成为今天的样子；手机一开始叫"大哥大"，只有通话的功能，后来逐步附加了发短信、上网、拍照等多种功能。

在主体附加组合中，主体事物的性能基本上保持不变，附加物只对主体起补充、完善或充分利用主体功能的作用。例如，一本著作有了作者的亲笔签名，其意义就会不同。主体附加组合有时非常简单，人们只要稍加动脑和动手就能实现。只要附加物选择得当，同样可以产生巨大的效益。智能手机不仅是现在人们追求的时尚产品，也是未来手机发展的新方向，其实智能手机就是安装了开放式操作系统的手机。

在运用主体附加组合时，首先，要确定主体附加的目的，可以先全面分析主体的缺点，然后围绕这些缺点提出解决方案，再通过增加附属物来达到改善主体功能的目的。其次，根据附加目的确定附加物。主体附加组合是否具有创新性在很大程度上取决于附加物的选择能否使主体产生新的功能和价值，以增强其实用性，从而增强其竞争力。在运用主体附加组合时需注意：第一，主体不变或变化不大，即原有的事物、技术、思想等基本保持不变。第二，附加的事物只是起到补充主体的作用，不会导致主体大的变化。第三，附加的事物有两种：第一种是已有的事物，第二种是根据主体的情况专门设计的新事物。第四，附加的事物都是为主体服务的，用于弥补主体的不足。因此，在运用主体附加组合时应该全面考虑、权衡利弊，否则会事与愿违、事倍功半。例如，有的文具盒由于附加物过多，既价格昂贵，又容易分散学生的注意力，以致不少老师禁止学生携带布满按键机关的文具盒到学校。

2. 异类组合法

异类组合是指将两种或两种以上的不同领域的事物、思想或观念进行组合，产生有价值的新整体。异类组合的模式是 a+b=n。例如，维生素、糖果两者都是客观存在的事物，但是有些商家将二者融合，使其摇身一变成了"维生素糖果"；超声波灭菌法与激光灭菌法组合，能杀灭水中的大部分细菌。

异类组合法有以下特点：

①被组合的事物来自不同的方面、领域，它们之间一般无明显的主次关系。

②组合过程中，参与组合的事物从意义、原理、构造、成分、功能等方面可以互补和相互渗透，产生 1+1>2 的价值，整体变化显著。

③异类组合实质上是一种异类求同，因此创新性较强。

3. 重组组合法

重组组合简称重组，是指在同一个事物的不同层次上分解原来的事物或组合，然后以新的方式重新组合起来。重组组合只改变事物内部各组成部分之间的相互位置，从而优化事物的性能，它是在同一事物上施行的，一般不增加新的内容。

任何事物都可以看作由若干要素构成的整体。各组成要素之间的有序结合，是确保事物整体功能和性能实现的必要条件。如果有目的地改变事物内部结构要素的次序，并按照新的方式进行重新组合，以促使事物的功能和性能发生变革，这就是重组组合。重组组合能引起事物属性的变化。

在电影拣择技术中，如果把镜头的次序改变，很可能产生完全不同的效果。请看以下三个镜头：①一个人在笑；②枪口对准了他；③他一脸恐惧。按上述顺序放映，观众看到的将是一个懦夫的形象。如果将三个镜头重组，按照②、③、①的顺序放映，观众看到的却是有人在开一场玩笑。如果按照③、②、①的顺序重组，观众看到的将是一个逐渐坚强起来的勇士。

重组法善于把各种事物进行重新组合，从而催生新物，产生新意，这种组合被人们广泛运用。例如，传统玩具中的七巧板、积木，现在流行的拼板、变形金刚等，就是让孩子们通过一些固定板块、构件的重新组合，创造出千姿百态、形状各异的奇妙世界。

### 4. 同类组合法

同类组合也称同物组合，就是将若干相同的事物进行自组，如双层公共汽车、情侣伞、情侣衫、双向拉链、双色笔或多色笔、子母灯、霓虹灯、双层文具盒、多级火箭等。同类组合只是通过数量的变化来增加新事物的功能，其性质、结构没有发生根本变化。同类组合的模式是 a+a=n。简单的事物可以自组，复杂的事物也可以自组。

在同类组合中，参与组合的对象一般是两个或两个以上的同一事物，组合后与组合前相比，参与组合的事物，其基本原理和基本结构一般没有发生根本性的变化。同类组合是在保持事物原有的功能或原有意义的前提下，通过数量的增加以弥补功能的不足或求取新的功能和意义，而这种新功能和新意义是事物单独存在时不具有的。同类组合的方法很简单，却很实用，将其应用于工业和生活产品的创新，常常可以产生意想不到的效果。

用订书机装订书、本、文件等时，常常要订两或三个钉，需要按压订书机两三次。打距、钉与纸的三个边距全凭肉眼定位。因此装订尺寸不统一，质量差，工效低。有人运用同类组合的方法，将两个相同规格的订书机设计到一起，通过控制和调节中间结构，就可以适应不同的装订要求，每按压一次，既可以同时订出两个钉，也可以只订出一个钉，打距还可以根据需要进行调节。这样的订书机既保证了装订质量，又提高了效率。

## 三、列举分析法

列举分析法是针对某一具体事物的特定对象，从内外两个方面进行分析并将其本质内容全面地逐一罗列出来的一种手段，是用以启发创造设想，找到发明创造主题的创造技法。

列举法注重从所列举出来的项目中挖掘出发明创造的主题和启发出创造性的设想。例如缺点列举法，不是人们所想象的那样"把缺点罗列出来，加以改进"，其实有时"发扬缺点"反倒产生了奇迹般的创新。列举法可分为缺点列举法、希望点列举法、希望点与缺点列举法联合应用法及特性列举法等。

### （一）缺点列举法

敢于质疑、提出与众不同的创意，是创新型人才必须具备的品质。俗话说得好："金无足赤，人无完人。"世界上没有尽善尽美的东西。缺点列举法通过缜密的思维，发现和挖掘事物的缺点，并把它的缺点一一列举出来，然后通过分析，找出其主要缺点，据此提出弥补缺点的课题或方案。每发现一个缺点，提出一个问题，就找到了创新发明的课题。例如，用罐装的煤气做饭，虽然比用柴火煮饭方便得多，却存在着很大的风险，运输使用不当，会引起煤气泄漏，后果不堪设想。针对这个缺点，现在城镇居民已开始普遍使用管道输送的天然气来做饭，其不仅安全性能大大提高，也更为便利。运用缺点列举法时也可以采用扩散思维的方法。例如，以拖拉机为主题，列出它的缺点和不足之处，如污染空气、速度慢、载货量小、安全性差等，然后挑出主要的缺点，逐个研究切合实际的改革方案。缺点列举法是一种简单有效的创造发明方法，因为在现实世界中，严格来说每一个事物都是未完成的发明，只要你仔细地看，认真地想，总能找到它有待改进的地方。只要时时留意自己日常使用和接触的物品的不足之处，多听听别人对某种物品的反映，那么发明创新是无穷无尽的。运用缺点列举法，第一步先找出事物的不足，也就是选定研究的课题。课题一般不宜选得过大，如果过大，包含的内容太多，无法进行精细的研究。对于大课题，可以将其分解成许多部分进行研究。第二步是分析缺点产生的原因，分析要有针对性和系统性。第三步是针对缺点产生的原因，有的放矢地提出解决的方法。按照这三步走，你会发现"柳暗花明又一村"。

### （二）希望点列举法

希望点列举法是由内布拉斯加州大学的克劳福特发明的。这是一种不断地提出希望、理想和愿望，进而探求解决问题的对策的方法。

运用希望点列举法的具体做法是，召开希望点列举会议，每次可有 5 ～ 10 人参加。会前由会议主持人选择一件需要革新的事情或者事物作为主题，随后发动与会者围绕这一主题列举出各种改革的希望点。为了激发与会者产生更多的改革希望，可将各人提出的希望用卡片写出，公布在黑板上，并在与会者之间传阅，这样可以在与会者中产生连锁反应。会议一般举行 1 ～ 2 小时，产生 50 ～ 100 个希望点即可结束。会后再将提出的各种希望点进行整理，从中选出目前可能实现的若干项进行研究，制订出具体的革新方案。

例如，有一家制笔公司用希望点列举法产生了改革钢笔的一系列希望：希望钢笔出水顺利；希望绝对不漏水；希望一支笔可以写出两种以上的颜色；希望不玷污纸面；希望书写流利；希望能粗能细；希望小型化；希望笔尖不开裂；希望不用打墨水；希望省去笔套；希望落地时不损坏笔尖；等等。这家制笔公司从中选出"希望省去笔套"这一条，研制出一种像圆珠笔一样可以伸缩的钢笔，从而省去了笔套。

使用希望点列举法应注意：由列举希望点获得的发明目标与人们的需要相符，更能适应市场；希望是由想象而产生的，思维的主动性强，自由度大，因此，列举希望点所得到的发明目标含有较多的创造成分；列举希望点时一定要注意打破定式；对于希望点列举法用得到的一些"荒唐"意见，应用创造学的观点进行评价，不要轻易舍弃。

### （三）特性列举法

特性列举法是美国布拉斯加大学教授克劳斯特发明的一种创造技法。克劳斯特认为通过对需要改进的对象做观察分析，尽量列举该事物的各种不同的特征或属性，然后确定应该改善的方向及如何实施，可以大大提高创新效率。

特性列举法可以分为很多种，其中有名词特性、形容词特性、动词特性及类比方式。

①名词特性。它可以是整体的或部分的一些结构的名称，还可以是建造时所用材料的名称及其制造方法等。

②形容词特性。一般来讲，它是用来描述所用事物性质的形容词，如一件物品的外形、颜色等。

③动词特性。它主要用来描述事物的功能，如这个东西是用来做什么的。

④类比方式。类比可分为很多种，如直接类比、亲身类比、幻想类比、对称类比、因果类比等。当然不同类比方式得出来的结果是不一样的。

例如，脸盆是人们熟悉的生活用品，为了外出携带方便，北京青年工人梁钦元师傅运用特性列举法发明了一种便携式充气盆。

从名词特性看，材料选用塑料比较合适。因为塑料有比重小、成本低、易加工、不锈蚀等优点。从形容词特性看，要轻便、易携带。从动词特性看，要能盛水，并有一定的结构强度。为满足上述要求，新设计的脸盆摒弃以往的刚性结构而采用柔性结构，在柔性结构中，以充气式结构为最佳方式，充气式结构有收放自如、可折叠存放、携带方便等特点。为了达到充气后呈盆形的要求，采用半圆拱和直线焊压图形设计，既达到了强度的要求，又减少了充气的空间。这种充气脸盆非常适合在野外作业、郊游、野营等时使用。

## 四、设问检查法

设问检查法就是对拟改进创新的事物进行分析、展开、综合，以明确问题的性质、程度、范围、目的、理由、场所、责任等情况，从而使问题具体化，缩小需要探索和创新的范围的方法。

以提问的方式寻找发明的途径。设问检查法的首要特点是抓住事物带普遍意义的方面进行提问，所以它的应用范围很广，不仅可用于技术上的产品开发，还可用于改善管理等范畴。如"5W1H"法，是从客体的本质（What）、主体的本质（Who）、物质运动的最基本形式——时间（When）和空间（Where）、事情发生的原因（Why）和程度（How）这几个角度来提问的，这些问题的答案属于所有事物存在的根本条件。这样抓住一个事物的制约条件来分析问题，就会发现问题的症结与原因。又如奥斯本的检核表法，其抓住声音、颜色、气味、形状、材料、大小、轻重、粗细、上下、左右、前后等事物的基本属性大做文章，因而有普遍的适用性。

从不同的角度、多个方面来进行设问检查，思维变换灵活，利于突破框架。特别是奥斯本检核表法，此法属于发散性思维，或称为横向思维，与之对应的是纵向思维。纵向思维是一种保护思路沿着中心线索自始至终地推进，直到问题解决为止的思维方式。而横向思维则是在探讨解决方案之前，先多角度地考虑对问题的种种看法。奥斯本检核表法不把注意力集中在问题的某一个方面，而是突破旧框架大胆想象，借助各种思维技巧，诸如联想、类比、组合、分割、移花接木、异质同构、颠倒顺序、大小转化等，以得到各种不同类型的答案。"5W1H"法就是试着从五六个不同的角度去考虑问题的。

自奥斯本检核表法诞生以来，设问检查法在实际应用中深受欢迎，并不断有不同的设问检查创造技法问世。这些方法几乎适用于各种类型与场合的创造活动，能够帮助人们突破思维与心理上的障碍，从多方面多角度引导创新思路，从而产生大量的创造性设想。运用本技法在实践中取得成功的例子不胜枚举，因此，设问检查法被誉为"创造技法之母"。设问检查法对于群众性的合理化建议活动，技术上的小发明、小革新是非常适合的，也可以与智力激励法等其他技法联合运用。如果要解决的问题较大，借助本技法也可使问题明确化，从而缩小目标，找到问题的关键所在，有针对性地解决它。具体应用时，如用于管理方面，则要注意明确问题的性质、程度、范围、目的、理由、场所、责任等；用于技术问题方面，则要注意明确产品的材料、结构、功能、工艺过程等，即要根据不同的工作性质将此法做适当的调整。初次使用设问检查法时，可能不如自发的创造那么方便，只要坚持实践，就能养成善于提问思考的习惯，使原来封闭式、直线式的思维方式得到改善，有利于创造力的开发。

当然，设问检查法也有一定的局限性，它比较强调创造发明主体的心理素质的改变，借助克服心理障碍，产生更多的思路，而较为忽略对技术对象的客观规律性的认识。因此，在使用本技法解决较复杂的技术发明的问题时，其仅能提供一个大概的思路，还需进一步与技术方法结合，才能完成有实际价值的发明。

常用的设问检查法如下。

### （一）奥斯本检核表法

亚历克斯·奥斯本是美国创新技法和创新过程之父。他在1941年出版的《思考的方法》一书中提出了世界第一种创新发明技法——智力激励法。他在1941年出版的世界上第一部创新学专著《创造性想象》中提出了奥斯本检核表法。

奥斯本检核表法又称为稽核表法、对照表法或分项检查法。奥斯本创造的检核表有75个问题，可归纳为6类9组提问。6类问题：由现状到目的，转用；由目的到现状，代替；质量的变化，改变；组合排列，调整、颠倒、组合；量的变化，扩增、缩减；借助其他模型，启发。9组提问及其含义如表2-1所示。

表2-1 9组提问及其含义

| 检核项目 | 含义 |
| --- | --- |
| 能否他用 | 现有的事物有无其他的用途；保持不变能否扩大用途；稍加改变有无其他用途 |
| 能否借用 | 能否引入其他的创造性设想；能否模仿别的东西；能否从其他领域、产品、方案中引入新的元素、材料、造型、原理、工艺、思路 |
| 能否改变 | 现有事物能否做些改变，如颜色、声音、味道、式样、花色、音响、品种、意义、制造方法；改变后效果如何 |
| 能否扩大 | 现有事物可否扩大适用范围；能否增加使用功能；能否添加零部件；能否延长它的使用寿命，增加长度、厚度、强度、频率、速度、数量、价值 |
| 能否缩小 | 现有事物能否体积变小、长度变短、重量变轻、厚度变薄，以及拆分或省略某些部分（简单化）；能否浓缩化、省力化、方便化、短路化 |

| 检核项目 | 含义 |
|---|---|
| 能否替代 | 现有事物能否用其他材料、元件、结构、力、设备力、方法、符号、声音等代替 |
| 能否调整 | 现有事物能否变换排列顺序、位置、时间、速度、计划、型号；内部元件可否交换 |
| 能否颠倒 | 现有事物能否从里外、上下、左右、前后、横竖、主次、正负、因果等相反的角度颠倒过来使用 |
| 能否组合 | 能否进行原理组合、材料组合、部件组合、形状组合、功能组合、目的组合 |

运用奥斯本检核表法进行创新活动的实施步骤：①根据创新对象，明确需要解决的问题；②根据需要解决的问题，参照表中列出的问题，运用丰富的想象力，强制性地一个个核对讨论，写出新设想；⑧对新设想进行筛选，将最有价值和创新性的设想筛选出来。

检核表法的实施过程要注意：①要联系实际一条一条地进行核检，不要有遗漏；②要多核检几遍，效果会更好，或许会更准确地选择出所需创新、发明的方面；⑧在检核每项内容时，要尽可能地发挥自己的想象力和联想力，产生更多的创造性设想，进行检索思考时，可以将每大类问题作为一种单独的创新方法来运用；④核检方式可根据需要，一人核检也可以，3～8人共同核检也可以。集体核检可以互相激励，产生头脑风暴，更有希望创新。

依据表2-1进行手电筒创新，创新思路如表2-2所示。

表2-2 手电筒的创新思路

| 序号 | 检核项目 | 引出的发明 |
|---|---|---|
| 1 | 能否他用 | 其他用途：信号灯、装饰灯 |
| 2 | 能否借用 | 增加功能：加大反光罩，增加灯泡亮度 |
| 3 | 能否改变 | 改一改：改灯罩、改小电珠和用彩色电珠等 |
| 4 | 能否扩大 | 延长使用寿命：使用节电、降压开关 |
| 5 | 能否缩小 | 缩小体积：1号电池—2号电池—5号电池—7号电池—8号电池—纽扣电池 |
| 6 | 能否替代 | 代用：用发光二极管代替小电珠 |
| 7 | 能否调整 | 换型号：两节电池直排、横排，改变式样 |
| 8 | 能否颠倒 | 反过来想：不用干电池的手电筒，用磁电机发电 |
| 9 | 能否组合 | 其他组合：带手电的收音机、带手电的钟等 |

## （二）"5W1H"法

"5W1H"法也称"六问"分析法，是一种思考方法，也是一种创造技法。它在企业管理、日常工作、生活和学习中得到广泛的应用。实施程序：对某种现行方法或现有产品从 What、Who、When、Where、why、How 六个方面进行检查并提问。"5W1H"法实施思路如表2-3所示。

表 2-3　"5W1H"法实施思路

| 提问角度 | 现状如何 | 为什么 | 能否改善 | 该怎么改善 |
|---|---|---|---|---|
| What | 生产什么 | 为什么生产这种产品 | 能否生产别的产品 | 到底应该生产什么 |
| Why | 什么目的 | 为什么是这种目的 | 有无别的目的 | 应该是什么目的 |
| Where | 在哪里做 | 为什么在那里做 | 能否在别处做 | 应该在哪里做 |
| When | 何时做 | 为什么在那个时间做 | 能否其他时候做 | 应该什么时候做 |
| Who | 谁来做 | 为什么是那个人做 | 能否由其他人做 | 应该由谁来做 |
| How | 怎么做 | 为什么那么做 | 有无其他的方法 | 应该用什么方法 |

## （三）和田十二法

和田十二法又称"和田创新法则"，是我国学者许立言、张福奎在奥斯本检核表法的基础上，对其基本原理加以创造而提出的一种思维技法。它是指人们在观察、认识某种事物时，可以考虑用简单的十二个字，即"加""减""扩""变""改""缩""联""学""代""搬""反""定"来解决问题，概括了解决发明问题的十二条思路。和田十二法既是对奥斯本检核表法的一种继承，又是一种大胆的创新。

1. 加一加：加高、加厚、加多、组合等

南京的小学生丛小郁发现，上图画课时，既要带调色盘，又要带装水用的瓶子，很不方便。她想要是将调色盘和水杯"加一加"，变成一样东西就好了。于是，她提出了将可伸缩的旅行水杯和调色盘组合在一起的设想，并将调色盘的中间与水杯底部刻上螺纹，这样，便产生了可涮笔的调色盘。

2. 减一减：减轻、减少、省略等

中国台湾少年于实明见爸爸装门扣时要拧六颗螺丝钉，觉得很麻烦。他想减少螺丝钉的数目，于是提出了这样的设想：将锁扣的两条边都朝下弯成卷角，只要在中间拧上一颗螺钉便可固定。这样的门扣只要两颗螺钉便可固定。

3. 扩一扩：放大、扩大、提高功效等

在烈日下，母亲抱着孩子还要打伞，实在不方便，能不能特制一种母亲专用的长舌太阳帽，这种长舌太阳帽的长舌扩大到足够为母子二人遮阳使用呢？现在已经有人发明了这种长舌太阳帽，很受母亲们的欢迎。

4. 变一变：变形状、颜色、气味、音响、次序等

石家庄市第一中学的王学青同学发现地球仪携带不方便，便想到，如果地球仪不用时能把它压缩、变小，携带就方便了。他想如果应用制作塑料球的办法制作地球仪就可以解决这个问题。用塑料薄膜制作的地球仪，用的时候把气吹足，放在支架上，可以转动；不用的时候把气放掉，一下子就缩得很小，很方便携带。

5. 改一改：改缺点、改不便、改不足之处

河南省洛阳市第二中学的王岩同学看到圆口的漏斗灌水时常常憋住气泡，使得水流不畅。若将漏斗下端口由圆变方，那么往瓶里灌水时就能流得很畅快，就不用总提起漏斗了。

6. 缩一缩：压缩、缩小、微型化

一般的水壶在倒水时，由于壶身倾斜，壶盖容易掉下来，使得蒸气溢出烫伤手。成都市的中学生田波想了一种办法弥补水壶的这个缺点。他将一块铝片铆在水壶柄后端，但又不太紧，使铝片另一端可前后摆动。灌水时，壶身前倾，壶柄后端的铝片也随着向前摆，而顶住了壶盖，使它不能掀开。水灌完后，水壶平放，铝片随着后摆，壶盖又能方便地打开了。

7. 联一联：原因和结果有何联系，把某些东西联系起来

澳大利亚曾发生过这样一件事：在收获季节里，有人发现一片甘蔗田里的甘蔗产量提高了 50%。这是由于甘蔗栽种前一个月，有一些水泥洒落在这块田地里。科学家分析后认为，是水泥中的硅酸钙改良了土壤的酸性，而导致甘蔗的增产。这种将结果与原因联系起来的分析方法经常能使我们发现一些新的现象与原理，从而引出发明。由于硅酸钙可以改良土壤的酸性，于是人们研制出了改良酸性土壤的"水泥肥料"。

8. 学一学：模仿形状、结构、方法，学习先进

江苏省学生臧荣华做了一个十分有趣的实验：让猫和狗怕小鸡。事情经过是这样的，村子里许多人都养了猫和狗，这些猫和狗总是想偷吃小鸡。臧荣华的妈妈也买来了小鸡，但放在哪里都不放心。臧荣华想要是能让猫和狗自己主动不来就好了。一天，他上学时，看到一群飞舞的蜜蜂。他想，人比蜜蜂大多了，可是人怕蜜蜂，因为怕蜂蜇。那么，我们能不能学一学蜜蜂的办法，让猫和狗怕小鸡呢？他进行了别出心裁的试验，他右手抓起一只小鸡，让鸡头从手的虎口处伸出来，拇指与食指捏着一枚缝衣针，针尖在鸡的嘴尖处稍露出一点。然后，他抓来猫和狗，用藏在鸡嘴下的针尖去扎猫或狗的鼻子、嘴，每天扎十几次。连扎三四天后，他发现猫和狗见到小鸡就怕，他成功了。

9. 代一代：用别的材料代替，用别的方法代替

山西省阳泉市小学生张大东正是用"代一代"的方法发明按扣开关的。张大东发现家中有许多用电池作电源的电器没有开关，使用时很不方便。他想出一个"用按扣代替开关"的办法：他找来旧衣服和鞋上面没有用的按扣，将两个按扣分别焊上两根电线头。按上按扣，电源就接通了；掰开按扣，电源就切断了。

10. 搬一搬：移作他用

上海市大同中学的刘学凡同学在参加夏令营的时候，感到带饭盆不方便，他很想发明一种新式的便于携带的饭盆。他看到家中能伸缩的旅行茶杯，又想到了充气可变大、放气可缩小的塑料用品。他想按照这些物品制造的原理，可设计一个旅行杯式的饭盆或充气饭盆。可是，他又觉得这些设想还不够新颖，他陷入了冥思苦想之中。一天，他偶然看到一个由十字状铁皮围成的铁皮匣子。他想，自己也可以将五块薄板封在双层塑料布中，用时将相邻两角用揿钮揿上，五块板就围成了一个斗状饭盆。这样，一个新颖的折叠式旅行饭盆就创造了出来。

11. 反一反：能否颠倒一下

反一反为逆向思考法，前面有较多的论述，可参见奥斯本检核表法中的逆向思考部分。

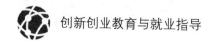

12.定一定：定个界限、标准，能提高工作效率

例如，药水瓶印上刻度，贴上标签，注明每天服用几次、什么时间服用、服几格；城市十字路口的交通信号灯红灯停、绿灯行；学校里规定上课时学生发言必须先举手，得到教师允许才能起立发言等。这些都是一些规定，有了这些规定我们的行为才能准确而有序。我们应该运用"定一定"的方法发现并执行一些有益的规定。

## 五、逆向转换法

任何事物都包含对立的两个方面，这两个方面又依存于一个统一体中。人们在认识事物的过程中，实际上是同时与其正反两个方面在打交道。只不过由于日常生活中人们往往只养成了一种习惯性思维方式，只看到其中的一方面，而忽视了另一方面。如果逆转一下正常的思路，从反面想问题，便能得出一些具有创新性的设想。

逆向转换法也称逆向头脑风暴法，是一种将焦点集中在反对意见上，以获得新创意的小组座谈会形式。逆向转换法是由热点公司发明的，这是一种小组评价的方法，其主要用途是发现某种观念的缺陷，并预测实施这种观念会出现的不良后果。逆向转换法与头脑风暴法类似，唯一不同的是逆向转换法在实施过程中允许提出批评。头脑风暴法是用来刺激创造新观念、新思想的，而逆向转换法则是以批判的眼光揭示某种观念的潜在问题。事实上，这种方法的基本点就是通过提问发现创意的缺点。

### （一）逆向转换法的原理

唯物辩证法的基本原理认为，任何事物都包括对立的两个方面，这两个方面相互依存、相互排斥，形成一对矛盾，存在于一个整体中。在复杂事物中，还包含了多个这样的矛盾，它们既相互联系又相互制约，决定了事物的性质和客观存在。当这些矛盾在事物中的位置发生变化或同一矛盾中矛盾的主要方面发生变化时，事物本身也会发生变化。根据这种观点，我们在处理事物时，总是要抓主要矛盾，寻找矛盾的主要方面，采取措施解决问题，使事物得以发展，这就是正向思维方式。人们在认识事物的过程中常常只抓主要矛盾或矛盾的主要方面，而忽略了其对立面，形成一种习惯思维方式，特别是当事物发展、变化的时候，依然抓住原来单一因素冥思苦想，就会陷入僵化状态，思路受到限制，使问题难以解决。根据辩证法的观点，事物是互相联系的，内部的两个对立面是对立统一、相辅相成的。当按原有的习惯思路、方法、程序等无法解决问题时，可以从不同角度、不同方向，或从相反方向、对立面观察思考，也就是突破常规、常理、常识反向求索，很可能会出现一些出人意料的崭新方式、方法、结构，实现创新，这就是逆向转换法。因此，逆向转换法从思维方式上看是辩证法的一个重要方面。

依据辩证思维方法和创新原理，逆向转换法可归纳为两大类：一类是从不同的角度进行反向思考，如原理相反、功能相反、结构相反、属性相反、因果相反、程序和方向相反、观念相反等。任何事物都具有双重性，缺点同样具有双重性，改正缺点也会产生发明和创新。同样，在寻找化弊为利的方法时，也可能产生创新和发明，这是逆向转换法的一种特殊情况。另一类是由于事物内部因素是相互联系、不断变化的，当研究目标久攻不下时，不妨将注意力转移，变换成与之相关的新问题，在新问题解决后，原来问题也就随之解决了，这就是换元法或问题转移法。

在研究或创新的过程中，如果进入死胡同，无法前进时，干脆按原思路返回，还原到创新起点，另辟蹊径，很可能会"柳暗花明又一村"，这就是还原分析法或还原换元法。

### （二）逆向转换法的特点

#### 1. 普遍性

逆向转换法是从唯物辩证法普遍联系的观点出发而创立的，因此具有普遍性。对立面在现实世界中可以说是无处不在、极为普遍的。只是对立面往往处于背景之中，人们不易察觉，缺乏鲜明的认识。要想创新，就必须将对立面从背景中拉出来，将其推向前台，使之鲜明突出、一目了然。对立面不仅普遍存在，也是构筑现实事物的素材，支配着现实世界的变化。无论是微小的粒子，还是浩瀚无际的宇宙，都是由于对立面的存在而存在的，在与对立面的吸引与排斥的相互作用下得以发展和变化。人的心理和行为同样存在爱与恨、理智与迷信、纪律与放纵、希望与失落、竞争与合作等"对立"。例如，在商业系统中存在着买与卖、雇佣与解雇、消费与积蓄、生产与消耗等"对立"。

技术产品的设计也普遍存在反向思考的痕迹，是矛盾着的统一体。例如，羊角锤的一头用来敲钉子，另一头用来起钉子；橡皮头铅笔既可以写字，又可以将字擦掉；百叶窗让空气流动而把光线挡住；螺帽和螺栓在彼此往对方相反的方向拧时才能发挥其应有的功用；空调或冰箱的技术核心是变冷才会制热、变热才会制冷；录音机能放音乐，也能录音乐。

#### 2. 批判性

反向思考是与正向思考相对而言的。正向思考就是指常规的、常识的、公认或习惯的想法与做法。反向思考就是对传统、习惯、常识常理的反叛，是对绝对正确的挑战，显而易见的好处是可以打破思维定式，破除由经验和习惯造成的僵化的认识模式。

被世界尊为"杂交水稻之父"的袁隆平的创新成果是以"杂交"为手段获得的，然而育种专家早就有的定论是凡自体授粉的植物没有杂交优势。水稻恰恰就属于"没有杂交优势"的自体授粉类植物。袁隆平以批判的眼光认为此种说法依据不足，他通过艰辛的考察和调查，发现了有杂交优势的"叛逆者"。于是，袁隆平为全人类做出了巨大的贡献。

#### 3. 新奇性

循规蹈矩地按传统习惯方式解决问题虽然简单易行，但容易使思路僵化、刻板，使人陷入思维定式的桎梏，所得的结果也是在预料之中的。反向思考既然是从人们并不熟悉的反面去思索，其结果显然也会是人们不易想到的，能出人意料，使人耳目一新。

19世纪70年代，英文打字机问世初期，制造厂商经常接到用户来信，抱怨打字的速度如果加快，字母键对应的连杆和打字头会纠缠在一起，无法打字。为此，技术人员想方设法进行改造研究，但没有成功。显然，这种故障是因打字速度过快而引起的，后来，有人大胆建议，让打字速度降下来，就没有问题了。这确实是个新奇的主意：人们打字都是希望越快越好，怎么可以要打字员故意"磨洋工"呢？除非改变机器的设计，让打字员操作不方便而不得不减缓打字速度。为此，技术人员将键盘的字母进行了重新排列，使几个常用的字母键移到边上，打字员操作不顺手，自然降低了速度，打字杆与打字头纠缠的问题也就不复存在了。事实上，适当限制打字速度是有必要的，因为打字速度过快，会造成出错率的提高。

### （三）逆向转换法的类型

逆向转换法有逆向反转法、问题转换法、缺点逆用法等类型。

#### 1. 逆向反转法

所谓逆向反转法就是反过来看问题。逆向反转法的"逆"可以是方向、位置、过程、功能、原因、结果、优缺点、破（旧）、立（新）等诸方面的逆转。主要包括以下几个方面。

①原理相反。如制冷与制热、电动机与发电机、压缩机与鼓风机等。

②功能相反。这是指从已有事物的相反功能出发设想新的技术发明或寻求解决问题的新途径，它既可以是功能的直接反转，也可以是功能提供方式的反转，如利用保温瓶（保热）装冰（保冷）。

③过程相反。如吹尘与吸尘。

④位置相反。如改变野生动物园中人和动物的位置。

⑤因果相反。这是指通过改变已有事物的因果关系来引发创意和解决问题的新思路。原因、结果互相反转即由果到因，如数学运算中从结果倒推原因，以检查运算是否正确。

⑥程序相反。如科学假设与实验验证。

⑦观念相反。如从大而全到专门化，从以产定销到以销定产。

⑧结构逆向。这是指从已有事物的相反结构形式去设想新的技术发明和解决问题的思路。

#### 2. 问题转换法

物理学中对于一些看不见、摸不着的现象或不易直接测量的物理量，通常用一些非常直观的现象去认识或用易测量的物理量间接测量，这种研究问题的方法叫"问题转换法"。它主要是指在保证效果相同的前提下，将不可见、不易见的现象转换成可见、易见的现象，将陌生、复杂的问题转换成熟悉、简单的问题，将难以测量或测量不准的物理量转换为能够测量或测准的物理量的方法。初中物理在研究概念规律和实验中多处应用了这种方法。

问题转化法之所以成立，是因为某种事物和其他事物之间具有一定的相关性。因此，认识某个事物也就认识了与之相关的另一事物，解决了某一问题也就解决了和它相关的其他一些问题。事物之间的一定关系是它们能够转换的客观基础。

问题转换法的特点：可以把复杂的问题简单化，把有困难的问题转化为容易解决的问题，从而使问题得到解决。要实现转换，一定要了解事物之间的相互转换的关系，只有洞察关系才能进行适当的转换。

#### 3. 缺点逆用法

缺点逆用法是对某一事物所有的缺点，不是单纯地逃避和改正，而是通过一定的手段巧妙地加以利用的一种技术。

缺点逆用法的基本原理：事物具有两重性，事物具有缺点和问题的一面可以向有利和好的方面转化。本方法的实质是利用事物的缺点，"以毒攻毒"，化弊为利。事物都是一分为二的。俗话说："金无足赤，人无完人。"将事物的缺点反过来思考，就有可能利用缺点为人类服务。例如，台风常给人类带来灾害，但是如果能把台风带来的雨水蓄积入水库，就可以用来发电；煤焦油曾经是令人头痛的废物，今天却成为重要的化工原料；目前垃圾问题是许多城市的沉重负担，但垃圾处理工厂将来可能会成为很有发展前途的行业。

缺点逆用法的注意事项：必须深刻认识事物的缺点及缺点转化的条件，然后创造条件使缺点转化为优点。缺点逆用法不仅弥补了事物的缺点，而且利用了缺点，但是缺点的逆用需要一定的技术条件。例如：

天一法师有三个弟子，大弟子是个懒汉，一旦落座，很难指望他会站起来；二弟子天生好动，最受不了寺院的清静；三弟子讨厌诵经却喜欢听鸟唱歌。天一法师这样安排：让大弟子司晨钟暮鼓，天天坐堂诵经；让二弟子拖钵到山下化缘；交代三弟子寺内遍植林木，让百鸟落巢栖息。

## 六、创造需求法

创造需求法是指寻求人们想要得到的东西，并给予他们、满足他们的一种创新技法。人们需要什么，是难以捉摸的，如果找到了这一需求，尤其是当有这种需求的人很多时，就可以取得了不起的成就。

创造需求法的类型如下。

### （一）观察生活法

只要留心自己和他人在日常生活中出现的问题，就会发现创新的机会。做一个善于观察生活和捕捉机遇的有心人，并将日常观察与自己的创新意识结合起来，一定可以成就一番事业。

例如，英国有位叫曼尼的女士，她的长筒丝袜总是往下掉，丝袜掉下来是很尴尬的事情。她询问了许多同事，她们也有同感。面对大家的需求，她灵机一动，开了一间专售不易滑落的袜子的店，大受女顾客的青睐。现在，曼尼设在美国、日本、法国三国的袜子店已达 120 家。

又如，日本人爱泡澡，但人泡在澡盆里无所事事，很浪费时间。一位企业家观察到这一现象，抓住时机，研制了一种不湿水的塑料书刊，可在泡澡时阅读。产品上市后，很受消费者欢迎，特别受到学生的喜爱，因为这样他们就可以在泡澡时复习功课。

### （二）顺应潮流法

顺应潮流法是指顺着消费者追求流行的心理来把握创新机遇的技法。生活中有很多新潮流，新的生活潮流使人们产生了种种希望和需求。观察社会，适应社会需求，遇到什么问题就研究什么问题，就能推出顺应潮流的产品。

例如，现在住高楼大厦的人越来越多，人们在擦玻璃时会遇到不少困难，一不小心就会发生伤亡事故。为解决这问题，日本企业制造了一种安全玻璃擦拭器。这种擦拭器能在室内将玻璃擦拭干净，既安全又省时。它由两块磁铁和含有清洁剂的泡沫塑料擦板组成。当两块擦板隔着玻璃互相吸引后，只要移动里面的擦板，外边的玻璃也就随之擦干净了。

又如，电视剧《渴望》热播时，许多观众都非常喜欢和同情女主人公刘慧芳。山西某衬衫厂用七天时间赶制了一批"慧芳服"并迅速推向市场，大受女士青睐。当电视剧《神探亨特》热播时，又有厂家及时向市场推出了"亨特蓝"衬衣，受到了男士的欢迎。

## （三）艺术升格法

对一些市场饱和的日用消费品进行艺术嫁接之类的深加工，以此提高产品的档次、形象和身价，以求在更高层次的消费领域里拓展新的市场的方法称为艺术升格法。

例如，蔬菜水果是无地不产、货多价贱的东西，而一些手艺人在平凡无奇的西瓜上雕刻了各种各样的喜庆吉祥的图案后，西瓜立即就变成了抢手货。在成都，有一段时间萝卜滞销，有人将红、白萝卜雕成牡丹、芍药、茶花、桃花等花样，并点染得五颜六色，插上青枝绿叶，十分新颖，销售势头立即转热。

给产品注入艺术形式，是比较容易入门的一种创新技法。将原有的产品艺术化，可以使消费者在得到物质满足的同时，又能得到精神上的享受，从而引发消费者潜藏在心底的某种消费需求。

## （四）引申需求链条法

一种新产品诞生后，有可能带动若干相关或类似产品的出现。这种现象叫作"不尽的链条"，它表明产品需求具有延伸性。找出某一产品的延伸性需求而进行创新活动就是引申需求链条法。卖花草鱼鸟的地方，必有卖花盆、鱼缸、鸟笼的。反过来从"生意经"角度来讲，别人卖鱼，我就卖鱼缸。别人卖花，我就卖花盆。别人卖油，我就卖油桶。这种引申需求比较直观，有些需求则需要认真调查研究一番才能引出来。创新者可以顺着"不尽的链条"获得很多新设想、新创意。要想运用引申链条法取得成功，首要条件是找准"可以联结的链条"，然后展开联想，捕捉市场所需求的新产品。

## （五）预测需求法

预测需求法是指通过预测未来市场需求，积极提前准备，在需求到来时能满足需求的创新技法。明天的需求，潜伏在人们的心底，不显山不露水，它在等待时间的推移和市场的变化。谁善于在浩如烟海的信息海洋中分析和预测出人们未来的消费需求，谁就能赢得市场和效益。人们在运用预测需求法时，可以配合运用调查研究的方法，对各种各样的信息进行分析与预测。

例如，20世纪80年代初，18英寸彩电在我国城市成为抢手货，14英寸彩电滞销。国内众多彩电厂家都转向生产18英寸彩电，致使14英寸彩管大量积压。这时长虹公司却独具慧眼，他们看到国家当时已提高了皮棉收购价，便猜想其他农副产品的收购价势必会逐步提高，于是认定14英寸彩电在农村大有市场，他们果断地买回大批14英寸彩管，继续生产这种规格的彩电，结果正如事前所料，他们的产品在农村的销售市场不断拓宽，经营规模迅速扩大。

再如，陕西汉中地区一位农民在公路旁开了一家饭店，物美价廉，饭热菜香，但川流不息的车辆就是不停不靠，很长时间这家饭店生意清淡。后来，这位农民请教了一位司机，才知道长途司机最需要的是什么。他随后在饭店旁搭建了一间厕所，并写了大大的招牌。此招果然奏效，南来北往的司机纷纷地停下"方便"，然后便到店里去吃饭，生意因此大有改观。

又如，有一位在一家工厂门口摆摊卖香烟的老人，在摊前摆了一个打气筒，并挂出"免费为自行车打气"的招牌。许多男士在给自行车打完气后,总会买香烟来表示感谢。老人家告诉家人:"自从备了打气筒,每天营业额要增加一倍以上。"

思考:

①逻辑思维和创新思维有什么关系?

②使用创新思维训练方法设计一场创新创业活动。

③运用头脑风暴法思考以下问题:

a. 设计一个科技中介服务机构。

b. 本地区应该怎样进一步搞好投资环境建设?

c. 如何创业并完成原始积累?

d. 如何提高食堂服务水平和饭菜质量?

e. 如何向人们宣传环保知识?

f. 拓宽筹资渠道的方法有哪些?

g. 如何提高某产品的市场占有率?

h. 如何使某种商品投入少而影响大?

# 第三章　创业准备

## 第一节　心理准备

现代社会市场竞争日益加剧，创业者面临的各种挑战越来越多，这就要求创业者有较好的心理素质。成功的创业者一般具备如自信独立、富有挑战精神、富有责任感、善于团结协作、勇于承担风险等心理素质。

大学生在校期间需要主动与辅导员、各科任课老师进行沟通，锻炼自己的心理承受能力，也可以通过心理辅助、采取心理测评等手段来考查自己的心理素质，以便有针对性地进行培养。

### 一、自信独立

自信是成功的基石。不管客观条件如何，不管经历多少磨难，应始终坚信自己能够成功，坚持自己的理想，发挥无限的生命力和创造力。

### 二、富有挑战精神

大学生进行自主创业，应乐于接受挑战，不盲目冒险，发挥自己最大的主观能动性，从克服困难中获得无穷乐趣。

### 三、富有责任感

对于发生的问题，不推卸责任，不把责任转嫁给他人，即使是员工的原因，也要主动承担自己在管理方面的责任。先从自己身上找原因，能这样考虑才是真正的创业者，才能赢得人们由衷的尊敬和信赖。

### 四、善于团结协作

如果创业者和员工之间没有信任，创业就很难成功。如果不管遇到什么事情都优先考虑自己，那么相互信任的关系就难以建立；如果公司的领导者和管理者只把员工看作自己赚取利润的工具，那么他将难以得到员工的信任。创业者应以人为本，主动为员工考虑，形成热爱人、热爱人类社会的思维模式，因为所有的可能性都会从这种思维模式中诞生出来。

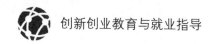

## 五、勇于承担风险

大学生创业要有承担风险的勇气，做好应对各种困难的思想准备。因为大学生创业除了在资金、社会经验等方面有着先天不足外，还常常会因缺乏基本的理财技能、推销意识和沟通技巧而陷入困境。创业者随时可能遇到风险，因此，风险意识显得特别重要，没有较高的心理品质和风险意识，创业的路不会走得长远。

思考：

①你认为一位优秀的创业者需要具备哪些方面的心理素质？

②作为自主创业的大学生应该如何培养心理素质？

# 第二节　知识准备

创业，是个人职业生涯中的一个重要转折点。创业者除了应具备扎实的专业知识和技能之外，还应掌握一定的管理、营销、财务、税务、法律等方面的知识。

## 一、管理知识

企业要想做大做强，就要建立现代企业制度。企业创业阶段靠的是独特的市场眼光和排除万难的勇气，而成长阶段靠的是管理制度的规范。很多挣到了第一桶金的企业由于管理不善而失败。因此，在创业之初，创业者要不断地学习管理知识。

管理的目标是确保企业高效率地运行，从而更好地为顾客服务。创业者要从战略、领导力、市场营销、人力资源、创新五个方面去学习管理知识，并不断把学到的知识运用到企业实践中去。良好的企业管理首先要确保企业"做正确的事"，然后努力"把事做正确"。前者是企业的定位和发展方向的问题，后者是企业的内部管理和工作流程的问题。创业者在这两个问题上要时刻保持清醒的头脑。

管理的核心问题是企业的决策机制和执行机制，通俗来讲就是"听谁的""谁去做""怎样做"的问题。在几人合股的企业中，若开始没有界定清楚彼此的权利与义务关系，在经营过程中很容易引起争执，严重的还会造成创业者反目成仇。国内不少很有前途的企业就是因为管理层内斗而元气大伤。因此，在合资创业前，创业者应签订合资协议书，共同讨论企业经营的目标与范围、管理制度的细节、执行业务股东的酬劳计算、利润分配、亏损补偿等方案，以及企业停止营业时的财产处理等，避免日后产生纷争。

## 二、营销知识

简单地把东西卖出去，那是销售；只有以顾客为导向的企业，才会有真正的市场营销。

营销管理是指分析、规划、执行和控制各种方案，以便与目标市场的顾客保持互惠交易以实现组织的目标。营销管理的实质是要制订一套开发客户、提供服务、收款及售后服务的企业运作流程。例如，如何选择成本最低、成效又最高的营销方法；如何找到可靠且成本低廉的供货商；如何提供成本最低却又能符合需求的产品与服务；怎样的收款流程最顺畅，以及如何降低呆账率、化解风险等。创业者可先试着找出同业中的佼佼者，仔细观察其运作方式，然后根据自己企业的情况去调整这套运作模式，建立属于自己的营运制度。

市场营销的最终目的是创造顾客，企业之所以存在，就是因为顾客有需求。不能满足顾客需求的企业迟早会被市场淘汰。在企业中建立以客户为中心而不是以产品为中心的文化，是企业长远发展的关键。

## 三、财务知识

企业正式运作后，要了解公司是否走上轨道，"让财务报表说话"是最好的方式。不少大学生创业者由于缺乏基本的财务管理知识，因此从企业初创阶段就没有养成良好的财务管理习惯，既不了解自己一个月到底净赚多少、实际毛利率有多高，也没有充分考虑预留周转金，因而由于一笔款项周转不灵而导致创业失败的例子屡见不鲜。为此，创业初期除了要有启动资金外，预留一定的流动资金、发展基金也是非常必要的。

此外，创业者要充分了解经营状况，最好要掌握一些账目管理的基本知识，翔实记录收入支出、进货销货及成本核算等。这样有利于创业者对于未来可能的利润和收支平衡点做到心中有数，并对降低生产成本、报税、调整经营方向等起到参考作用。

## 四、基本税务知识

### （一）国税

国税又称中央税，由国家税务局系统征收，是中央财政收入的固定来源，归中央所有。国家税务总局为国务院主管税收工作的直属机构。在发展社会主义市场经济的过程中，税收承担着组织财政收入、调控经济、调节社会分配的职能。目前，我国每年财政收入的90%以上来自税收，其地位和作用越来越重要。国税系统主要负责征收和管理的项目有增值税，消费税，铁道、各银行总行、保险总公司集中缴纳的营业税、所得税和城市维护建设税，中央企业所得税，中央与地方所属企、事业单位组成的联营企业、股份制企业的所得税，2002年1月1日以后在各级工商行政管理部门办理设立（开业）登记企业的企业所得税，地方和外资银行及非银行金融企业所得税，海洋石油企业所得税、资源税，对储蓄存款利息所得征收的个人所得税，对证券交易征收的印花税，车辆购置税，出口产品退税，中央税的滞补罚收入，按中央税、共享税附征的教育费附加（属于铁道、银行总行、保险总公司缴纳的入中央库，其他入地方库）。

### （二）地税

在中国，明确划归地方管理和支配的地方税份额比较小，而且税源分散，收入零星，但对于调动地方政府组织收入的积极性和保证地方政府因地制宜地解决地方特殊问题有一定意义。1984年以前，国家明确划为地方税的有屠宰税、城市房地产税、车船使用牌照税、牲畜交易税、集市交易税、契税等少数几个税种。1985年实行新的财政管理体制后，又陆续增设了一些地方税种。现行地方税主要有房产税、城镇土地使用税、车船使用税、城市维护建设税、印花税、筵席税、屠宰税、牲畜交易税、集市交易税等税种。

思考：

你具备哪些创业方面的知识储备？

# 第三节  能力准备

能力是指人们顺利完成某种活动所必需的个性心理特征。能力一般包括一般能力和特殊能力。一般能力即智力，是指以思维能力为核心，包括观察力、记忆力、想象力和注意力等多种能力要素的有机结合。特殊能力也叫专业能力，如写作能力、绘画能力、市场营销能力等均属特殊能力。经营管理能力属于特殊能力，是保证创业获得成功的主要因素，包括开拓进取的能力、善于学习的能力、团结协作的能力、创新能力、人际交往能力、把握商机的能力等。

## 一、开拓进取的能力

永不满足、不断突破自我是创业者最基本的也是最核心的人格素质。强烈的进取心，既是创业能力、经营能力形成的基础，也是现代企业家综合素质构成的基本要素。远大空调有限公司总裁张跃曾说："我把多年来的经历和感悟归纳起来，得出一个结论，就是企业家素质应该包含以下内容：一高、二强、三多、四稳。一高是境界高；二强指欲望强、耐力强；三多是多才、多艺、多兴趣；四稳是原则稳固、方向稳当、作风稳健、情绪稳定。"具有极强的生存意识，胸怀必胜的信念，敢拼敢搏，奋勇向前，从而创造出自己所期望的价值，是创业者最为可贵的品质与能力。

## 二、善于学习的能力

知识经济时代，科学技术突飞猛进，企业环境复杂多变。在这样一个日新月异、难以把握的时代，创业者要想把工作做好，就必须有好学的精神，善于学习。学习经营管理知识、科学技术知识，学习社会学、心理学、经济学等一系列相关学科。同时，还要善于从自己及别人的成功和失败中吸取经验教训。这样，才能跟得上时代的步伐，以系统的思路、全新的理念去经营好企业。

## 三、团结协作的能力

当前市场竞争激烈，自主创业"万事开头难"，创业者要处理的事情面广量多，仅靠一个人的力量很难有效地处理各类情况。因此，大学生在创业时可以联络几个有着共同理想的同学、师兄师姐，形成一股合力，共同面对挑战。优势互补的团队是自主创业的基础。有了优势互补的创业团队，既能有效进行技术创新与经济管理，又能保证创业团队形成最大的合力，从而在市场竞争中取胜，达到企业所追求的目标，推动企业向前发展，取得成功。

另外，员工的职业素养和向心力也是决定企业成长的关键因素。有的大学生创业者常常抱怨自己创业团队的员工流动性高、学习意愿不强、工作态度不积极等，这其中很有可能是管理出了问题。要避免这些状况，即使只是三五人组成的小公司，老板也应将员工的招募、训练与管理视为最重要的任务，而员工应征进来后，老板也应至少花1～2周的时间进行训练，从旁辅导再逐渐放手让员工走上一线岗位。同时也可制订一套工作章程，确定员工的权利、义务，将福利、升迁、分红、奖惩制度等说清楚，这样做有助于降低员工的流动率，并提升公司对客户的服务品质。

## 四、创新能力

创新是知识经济时代保证企业可持续发展的源泉之一。创业者只有不断创新才能使企业在未来市场竞争中占有一席之地。这种创新的具体要求如下。

①能及时适应市场变化，调整经营方向，不断推出能满足消费者潜在需求的新产品、新服务项目，使企业在竞争中处于领先地位。

②能动员全体员工积极创新，做员工创新的倡导者、激励者、协调者和组织者。

③能将观念创新和理论创新体现在企业组织及管理领域内，以形成一种创新的组织文化，推动企业的全面创新。

## 五、人际交往能力

妥善处理人与人之间的关系，并与他人和谐共处、共同发展。每个人在生活和工作中都需要与许多人交往，这就难免发生矛盾。大学生只有具备人际交往能力，善于处理各种人际关系才能在工作中充分施展自己的才能。在人际交往中，要以我们民族善良、诚实的传统美德来善待他人，"将心换心""以诚相待"，学会尊重他人，要换位思考，多为他人设身处地着想，这样才能得到他人尊重；要既能做大事，又能做小事，学会处理具体问题时既坚持原则又不失灵活。

## 六、把握商机的能力

什么是商机？能够满足一种需要或是能够增加满足的需要，都可能是商机，它只会在某一个特定的阶段出现，稍纵即逝。那么，大学生在创业时如何把握商机呢？把握商机需要独具慧眼，即看到事物表象之下潜在的需求或市场。例如：

某大学生在帮朋友买书的时候，王府井书店科技图书的热销给他留下深刻的印象。经过简单的市场调查，他发现科技书店在家乡是片空白，于是开始自己创业。但书店开起来之后并不像他想得那样火爆，他再次来到王府井书店进行详细的调查，回去后调整了经营思路。通过农民来买书和政府组织的送书下乡活动，他发现农村市场的广阔，现在他的科技书店办得红红火火。

这是个很典型的把握商机的案例：买书的时候观察，其实就是在做市场调查；再后来送书下乡，就是市场测试；看农民买什么书，是进行市场细分。这是一个完整的市场调研、市场分析、市场策划的过程。企业本身是一个生命体，它需要不断地培植、成长，不是抓住一个机会就能使一个企业不断地繁荣，而是不断地在经营过程中发现一些新的商机，这样才能使企业不断地成长。

创意也能带来商机。创意就是与需求有关的想法。真正的创意已经不单是一个对产品本身的创意，而是渗透在满足需求的各个环节，包括产品的产生、行销及产品的完善。创意其实是一种敏锐的感知力和判断力。创意怎样产生？最直接的方式是缺点列举法和联想法。例如，北航科技园的一家企业，创业者就是因为发现买了车以后，每次停车都要人工开启车位，这很不方便，他想能否发明一个开启车位的遥控。凭借这个想法，他注册成立了一家企业。

把握商机贵在争分夺秒。拿破仑有句名言："我的军队之所以打胜仗，就是因为比敌人早到 5 分钟。"打仗是这样，商战也是如此。创业中抢得先机，获胜的筹码就会增加很多。例如：

SARS 流行期间，不少药店的体温计脱销。某卫校毕业的学生张某发觉这就是一个绝好的赚钱机会，于是立即寻找体温计的进货渠道。在到处找不到现成货源的情况下，他在从网上查资料时得到启发，利用"体温计""厂家""供货"等复合搜索方法，轻松查到了某仪器厂有体温计现货出售的信息。经过几番联系，加上利用快速的网上汇款功能，仅仅四天便拿到了 16 000 只普通水银体温计和 1000 支电子体温计，净赚 2 万元。当别人纷纷效仿他时，体温计在当地市场已基本饱和。而尝到利用信息技术快速寻找商机甜头的小张看到 SARS 过后，人们的健康观念转变很大，各大读书网站上健康类书籍一度名列畅销书排行榜前列，于是利用刚刚赚到的 2 万元申办了一家健康与教育畅销书销售网站，专门销售人们喜欢看的健康类书籍，以及教育书籍和学生模拟试卷。高考和中考前夕还和有关学校的局域网进行了一项"浏览教育畅销书销售网，免上网费"的营销活动，几天的时间净赚 3 万多元。

商海中有人挣钱，有人赔钱，创业难、赚钱难是多数人的体会。小张成功的例子告诉我们，步别人的后尘很难挣到大钱，提高赚钱的能力，利用现代化信息载体抓住"比别人早到 5 分钟"的商机，才会在激烈的商战中稳操胜券。

思考：

①结合本节所学知识，谈谈大学生在创业前应该做好哪些方面的能力准备。

②你认为通过哪些方式可以做好创业前的能力准备？

③谈谈创业能力准备对于成功创业的意义。

# 第四节　创业融资渠道与方法

从 2007 年开始，我国有利于非公有制经济和中小企业发展的一系列政策纷纷出台。例如，《中华人民共和国中小企业投资促进法》正式颁布，国家市场监督管理总局则开始加快清理和废止歧视民营经济发展的政策和法规，工商部门已消除对个体私营企业的一切歧视性市场准入障碍，个人投资创业因此不断升温。然而，由于个人投资多受制于资金匮乏这个瓶颈，所以如何筹到所需资金已成为个人创业首先面临的问题。因为任何创业都需要最基本的启动资金，如产品定金、店面租金等。因此，对创业者来说，快速、高效地筹集到资金是创业成功至关重要的因素。

## 一、私人借贷

许多中小企业在创业初期，依靠的是亲戚、朋友或熟人的财力。这些资金可以采取借款和产权资本的形式。尽管求助于亲人和朋友融通的资金有限，但仍不失为一种非常重要甚至是创业之初唯一的融资渠道。

私人借贷是早期天使投资最简单的形式，它是指从自己家人、亲戚或朋友那里借来资金。家庭和朋友一般是创业者理想的贷款人，许多成功创业的人在创业初期都借用过家人或朋友的资金。统计数据显示，家人和朋友是创业者开办企业公司所用资金的第二来源（第一种为自有资金）。

为有效地减轻这类借贷的压力，可以采取以下几种方式。

①"亲兄弟，明算账。"无论你是从家人还是朋友那里借款，都要写借条，写明借款的时间、地点、数目与条件。其中的条件可以参照当时的银行利息来支付自己的借款利息。由于受中国传统文化的影响，过去人们总是觉得这么做"生分"，会破坏家人的亲情和朋友之间的友情，其实这是一种错误的观念。一方面，时间在这里本身就是风险；另一方面，没有人愿意把自己的钱毫无理由地放在别人的腰包里。还有一种情况是，你向家人和朋友借了钱而不支付利息，实际上等于在剥夺别人的财富。

②在借款之前，最好向家人或朋友、亲戚如实地说明你的经营情况与项目，包括投资额度、预期收入与风险，然后把你的资金状况和缺口告诉他们，看看他们是否愿意将钱借给你，不要让家人或亲戚、朋友陷入一种尴尬的境地。如果你获得了他们的支持和贷款，也要注意使他们不断地获得有关你的真实经营状况和信息，尽可能地避免他们内心对你产生的不信任。

③在你向家人或亲戚、朋友借贷的过程中，如果有人对你的经营项目产生了很大的兴趣，而且他们也觉得有信心，这个时候，你可以询问他们是否愿意进行合作经营。当然，你也得向他们说清楚，一旦合作经营，其收益可能远远大于他将自己的钱借给你而获得的利息；而一旦经营失败，所要承担的风险也要远远大于他将钱借给你的风险。但是，只要你的项目得当，而且他们也很信赖你的能力，相信自己的判断力，那么通过合作方式来筹集资金是完全可能的。

## 二、争取政策性扶持资金

作为调节产业导向的有效手段，各地政府部门每年都会拿出一些扶持资金。例如，2001 年杭州市提出建设"天堂硅谷"，把发展高科技作为重点工程来抓，与之相配套的措施是杭州市及各区县均建立了孵化基地，为有发展前途的高科技人才提供免费的创业园地，并拨出数目相当可观的扶持资金。李某计算机专业毕业后，十分希望办一家软件公司，发挥自己的才能。他得知杭州市将创办高科技企业孵化基地，对通过资格审查的企业将提供免三年租金的办公场所，并给予一定的创业扶持资金的消息后，认为这无疑是一个难得的创业机会。他立即带领几个同学创办了一家软件公司，不仅成功地进驻了位于杭州黄金地段的办公场所，还得到了 10 万元的扶持资金。

政府提供的创业基金通常被所有创业者高度关注。其优势在于利用政府资金不用担心投资方的信用问题，而且，政府的投资一般是免费的，进而降低或免除了筹资成本。但申请创业基金有严格的申报要求，同时，政府每年的投入是有限的，筹资者需面对其他筹资者的竞争。

## 三、合伙入股

创业社会化是一种趋势，由于一个人势单力薄，合伙创业不但可以有效筹集到资金，还可以充分发挥人才的作用，并且有利于对各种资源的利用与整合。合伙投资可以解决资金不足的问题，但也应当注意一些问题：一是要明晰投资份额，个人在确定投资合伙经营时应确定好每个人的投资份额，也并不一定平分股权就好，平分投资份额往往会为以后的矛盾埋下祸根。因为没有合适的股份额度，将导致权利和义务的相等，结果使所有的事情大家都有同样多的权利和义务，经营意图难以实现。二是要加强信息沟通。很多人合作是因为感情好，相互信任。长此以往，容易产生误解和分歧，不利于合伙基础的稳定。三是要事先确立章程。合伙企业不能因为感情好，或者有血缘关系，就没有企业的章程，没有章程是合作的大忌。俗话说"生意好做，伙计难做"，寻找合伙人投资要遵循"共同投资、共同经营、共担风险、共享利润"的原则。

## 四、商业银行贷款

由于银行财力雄厚，而且一般具有政府背景，因此在创业者中很有"群众基础"。从目前的情况看，银行贷款有抵押贷款、信用贷款、担保贷款、贴现贷款等。银行贷款的优点是利息支出可以在税前抵扣，中小企业融资成本低，运营良好的企业在债务到期时可以续贷。缺点是一般要提供抵押（担保）品，由于要按期还本付息，如果企业经营状况不好，就有可能导致债务危机。

一般情况下，只要符合条件，商业银行也积极向个体经商户和私营企业发放贷款。个人创业宜从小到大滚雪球式发展，所以可先通过有效的质押、抵押或第三方保证担保等向银行申请流动资金贷款，等有了一定实力再申请项目贷款。个人创业可充分利用自身条件，到商业银行寻求贷款：一是要善于说服银行把钱借给自己。对于一般的商业银行来说，对个人创业贷款不一定完全要求是质押，只要你的个人信用良好，有相关的企业和部门做担保，也可以贷到自己需要的贷款。二是要充分利用消费信贷。将自己的住房、耐用消费品等通过银行消费信贷来购买，然后把自己的积蓄全部用于创业投资，这也变相地利用了银行贷款。三是利用存单、国债、保单等质押贷款。例如，中国人寿保险公司于 2001 年 1 月 1 日开始销售的"国寿千禧理财两全保险"，就具有保单质押贷款的功能。

## 五、寻找风险投资

如今有很多大公司、大集团甚至个人手中掌握有一些闲置资金，他们希望能找到可靠的投资对象。这时不妨寻找风险投资。如何寻找风险投资呢？当然可以通过亲朋好友的介绍，也可以委托专门的风险投资公司代理，还可以适当投放寻资广告或者上网发布寻资信息。例如：

张华是某职业院校国际经济与贸易专业毕业的学生，近年来，一家连锁经营的公司连年亏损，上级决定将其拍卖。张华认为公司的地理位置十分理想，之所以亏损主要是因为经营管理不当，只要对经营的品种结构做一番调整，再加强内部管理，就完全可以盈利。但是，要将公司拍到手，起码得有 60 万元以上的资金，凭自己的实力显然无法实现。于是，张华想到了昔日的同学何英。何英如今已是某集团公司的董事，向她借几十万元应该不成问题。何英了解了张华的来意后说，动用集团的资金必须经过董事会的讨论，而外借资金一般是很难通过董事会的。假如以合资的方式参与合作竞拍倒是可以的。一个月后，张华在该集团 100 万元风险投资的支持下，一举拍得了该公司，实现了自己当老板的愿望。

风险投资分广义和狭义两种。广义的风险投资泛指一切具有高风险、高潜在收益的投资。狭义的风险投资是指以高新技术为基础，生产与经营技术密集型产品的投资。风险投资家虽然关心创业者手中的技术，但他们更关注创业企业的盈利模式和创业者本人。

思考：

①结合本章所学知识，谈谈大学生在创业前应该注意哪些方面。

②你认为创业成功者应该具备哪些素质？

③谈谈创业的融资渠道和方法。

# 第四章　创业实践

## 第一节　确定目标

　　管理大师彼得·德鲁克说："企业的目的是创造和留住顾客。"这句话道出了创业的关键：找到你的顾客。有了顾客，才会有收入，才会有利润，这是企业生存的必要条件。

　　但是，这个世界上的产品和服务种类繁多，同一个产品也往往有不同的商业模式，到底应该从哪里下手呢？

### 一、灵感触动——构想

　　一个好的创业项目，常常来自一个简单的构想。但机会的来临，往往是有方向可循的。

　　①关注环境变化。变化就意味着机会。环境的变化，会给各行各业带来良机，人们透过这些变化，就会发现新的前景。例如，随着经济条件的改善，人们需要越来越多的职业教育、培训、家政、旅游等产品和服务，这些领域的创业机会就会越来越多。

　　②关注"低技术"行业。低技术行业往往盈利模式十分成熟，也十分清晰，尤其适合没有什么技术储备的创业。像餐饮、旅游、住宿、家政、培训、快递等行业，并没有太多的技术含量，社会对其的需求却相当稳定。这些行业里有着大量的创业机会。

　　③在细分市场上找机会。共同的需要容易认识，基本上已很难再找到突破口。而实际上每个人的需求都是有差异的，如果我们时常关注某些人的日常生活和工作，就会在细分市场中发现机会。在寻找机会时，应习惯于将顾客分类，如政府职员、菜农、大学教师、小学生、退休职工等，认真研究各类人员的需求特点。

　　④着眼于那些"未被满足的需求"和"没有被很好满足的需求"。生活中会遇到很多苦恼，这是因为需要的服务或产品没有人提供，或者提供的产品不能完全满足需求。如果有人能提供解决的办法，实际上就是找到了商机。例如，双职工家庭，没有时间照顾小孩，于是有了家庭托儿所；没有时间买菜，就产生了送菜公司。

　　⑤需求还可以创造。没有电脑，就没有人们对电脑的需求。新技术和新产品在不断创造出新的需求，这也是经济发展的一大动力。如果我们有好的发明、技术，或者一个新的服务的创意，好好加以利用，就有机会开辟一个新领域。

## 二、明确创业目标

有了灵感，不要着急去做，要耐心地花费一点时间将想做的事情考虑清楚，这就是明确创业目标。在明确创业目标时需要回答以下几个问题。

①你将经营什么？这不是容易回答的问题。回答该问题的方法多种多样：产品定义列出你提供的产品或服务；技术定义强调你的技术能力；市场定义按你当前和潜在的顾客限定你的经营；概念性定义使人们能判断你经营的是什么。

②你的经营理念是什么？这是你生产、经营的基本哲理和观念。

③你的产品和服务是什么？你的经营基于你销售的产品。

④你的顾客是谁？你当前的顾客基础和你选择要服务的目标市场能进一步帮助你确定经营的定义。

⑤顾客为什么从我们这里买？每一种经营都有很多的竞争者，因此，你的顾客和潜在顾客对产品和服务有广泛的选择余地。

⑥是什么使我们的企业同我们竞争对手的企业区别开来？什么是你不寻常的经营特色？按照你的市场眼光，如果你能把自己与竞争对手区分开来，就形成了强大的优势。

下面的创业轮廓将帮助创业者明确自己的创业目标。

①企业名称及建立的日期。

②企业形式：

□个体　　　□有限责任公司　　　□股份有限公司

③企业的主要顾客：

□个人　　　□团体　　　□公共机关　　　□其他（简述）

④目前的产品和服务。

⑤企业的五个最主要的竞争对手：

a.＿＿＿＿＿＿＿＿＿＿＿＿

b.＿＿＿＿＿＿＿＿＿＿＿＿

c.＿＿＿＿＿＿＿＿＿＿＿＿

d.＿＿＿＿＿＿＿＿＿＿＿＿

e.＿＿＿＿＿＿＿＿＿＿＿＿

⑥可能的竞争来自：

□其他公司　　　□技术　　　□行业人员

⑦企业的竞争地位：

□弱　　　□较弱　　　□平均水平　　　□较强　　　□强

⑧对企业的产品或服务的需要在递增 / 递减。

⑨企业可能引进的产品或服务。

⑩企业可能进入的市场。

⑪本企业的与众不同之处。

⑫当前企业最大的营销障碍。

⑬企业最大的营销机会。

⑭企业的总体经营目标和增长计划。

创业轮廓一旦明确，下一步就是写出任务陈述书。美国弗兰西斯·海塞尔本对写出任务陈述书的理由有过精辟的论述："我们不断向自己提很简单的问题。我们的职责是什么？顾客是谁？顾客考虑的价值是什么？我们确实为了一个理由：帮助女孩儿发挥她的最大潜能……最要紧的是做出区别。因为当你清楚你的任务时，团体目标和运作目标会油然而生。"

根据填好的经营定义单，标出其中的关键词，把它们记在下列分类中你认为应该属于的那一类中，写出对你经营最重要的单一目标，再把结果简化成一两句话，就得到一份精确反映你经营目的的报告。

下面是任务陈述书示例。

顾客：企业小老板。

产品或服务：税务与管理或咨询。

市场：本地（半径 3 千米内）。

经济目标：赚钱、获得利润、有稳定的收入基础。

信念、价值和理想：独立，关心团体，要形成区别，创造好生活。

特殊能力：帮助企业小老板，使之总收入最大，保持低成本，运用信息。

对雇员的关心：提供合理的报酬与利益；使他们工作中有自由，尽量减少监督。

任务陈述：为本地企业小老板提供税务与管理咨询服务，帮助他们成长，对我们的雇员提供有益的工作环境。

## 三、创业项目分析

虽然你已经考虑和写下了你创办企业的构想，但是你还需要对它进行分析，进一步了解其可行性和风险。你需要知道它是否能使你的企业具有竞争力和盈利。我们知道企业以盈利为基本目的，企业要成功，首先销售要成功，也就是说先要做好市场（这基本是外部的）；其次，要控制成本（这基本是内部的）。

分析企业项目的一种方式是进行 SWOT 分析，前面已做过阐述。

### （一）内部分析：优势与弱点

SWOT 从观察内部的优势与弱点开始。优势是指你的企业的长处，如你的产品比竞争对手的好、你的商店的位置非常有利，或你的员工的技术水平很高等。弱点是指你的企业的劣势，如你的产品比竞争对手贵、你没有足够的资金按自己的愿望做广告，或你无法像竞争对手那样提供综合性的系列服务等。在进行内部分析时，可以制作如表 4-1 所示的表格。

表 4-1　内部分析：优势与弱点

| 因素 | 优势 | 弱点 |
| --- | --- | --- |
| 获利能力 | | |
| 销售与市场营销 | | |
| 质量 | | |
| 顾客服务 | | |
| 生产力 | | |

续表

| 因素 | 优势 | 弱点 |
|---|---|---|
| 财力 | | |
| 财务管理 | | |
| 运行 | | |
| 生产与分配 | | |
| 员工的发展 | | |
| 其他 | | |

## （二）外部分析：机会与威胁

考察企业运行所处的外部环境。机会是指周边地区存在的对企业有利的因素，如你想制作的产品会越来越流行；附近没有和你类似的商店；因为附近正在新建许多住宅小区，使得潜在顾客的数量即将上升等。威胁是指周边地区存在的对你企业不利的因素，如在该地区有生产同样产品的其他企业、原材料上涨将导致你出售的商品价格上升，或者你不知道你的产品还能流行多久等。

这些因素是你不可控制的，但如果知道它们将怎样影响你，你可以预先采取防备行动。可以制作如表 4-2 所示的分析表格。

表 4-2　外部分析：机会与威胁

| 因素 | 机会 | 威胁 |
|---|---|---|
| 当前顾客 | | |
| 潜在顾客 | | |
| 竞争 | | |
| 技术 | | |
| 政治气候 | | |
| 政府及管理机关 | | |
| 法律 | | |
| 经济环境 | | |
| 其他 | | |

## （三）风险分析

任何一个营业中的企业每天都面临着一定的风险，小企业自然也不例外。风险可定义为损害、伤害或损失的机会。对于刚刚创业的小企业来说，这种损失相当严重。小企业虽然"船小好掉头"，但它由于"本小根基浅"，故只能"顺水"，不能"逆水"。因此，大学生在创办企业时应该充分预估各种可能的风险，并制订出风险应付对策，把风险损失限制在企业所能承受的最小范围内。创业风险主要有以下几个方面。

1. 技术风险

技术风险包括研制的产品原型能否变成合格成品，形成批量生产；产品的技术寿命是否会缩短，提早退出市场；专门支持的配套技术是否成熟等。例如，美国的 TRITIUM 公司在风险资本的帮助下于 1998 年年初开始进军免费网络服务领域，采取类似网络零点公司的技术。但 TRITIUM 公司一时无法解决在技术上遇到的难题，即廉价带宽技术问题，在挣扎了半年之后，后劲不足，终于支撑不住，只好宣布无限期停业。

2. 管理风险

我们创业的大学生大多是专业技术人员，他们在专业技术上各有特长，并对技术研发情有独钟，但他们对管理的细节不感兴趣，也不熟悉，因此，可能产生诸如决策风险、组织风险和生产风险等。建议学生们多找合作伙伴，取长补短，形成团队。另外，关键人员的流失也会给企业带来致命的危险。如你开办一家餐厅，那么餐厅生意的好坏很大程度上取决于厨师的厨艺。因此，你应该想办法雇请厨艺好的师傅并能长期留用他。

3. 市场风险

市场风险包括新产品从推出到被顾客完全接受的时间可能会拖得过长、市场接受力不够大、潜在进入者的竞争威胁等。企业可能由于生产成本高、缺乏强大的销售系统或新产品用户的转换成本过高而常常处于不利地位，严重的可能危及企业的生存。

4. 外部环境变化所带来的风险

外部环境包括国家的产业政策、经济发展趋势，这些都在随时发生变化，对企业经营会带来一定的风险。另外，一些突发事件或自然灾害也会带来很大的风险。例如，美国发生"9·11 事件"，对中国的小型出口企业就带来了相当大的打击。在创业时应当多研究国家的产业政策，尽量避开那些政策限制性行业。经济条件允许的时候应当尽量为企业的财产购买保险，或加入一些互助性的组织，以降低突发事件带来的风险。

## 四、立项——制订行动计划

从创业者的灵感触发构想，到进一步明确想法，再到进行 SWOT 分析，以及各种风险预计和对策，在这个过程中，创业者可以说是绞尽脑汁，历经千辛万苦，但创业者还要做一下全面的回顾和总结。问自己几个问题：是否有克服不了的困难？是否有规避不了的风险？如果投入的钱赔光了，能不能承受这个后果？将你的想法同一位经验丰富的老师或长者进行交流，征求他人的意见，然后制订切实可行的行动计划。

思考：

①结合实际情况，谈谈你身边有哪些创业的机会。

②对你所确定的创业项目，运用 SWOT 原理分析它的可行性和风险。

# 第二节 制订创业计划书

创业计划书是创业者计划创立业务的书面概要，它为业务的发展提供指示图，是衡量业务进展情况的标准。俗话说"凡事预则立，不预则废""没有创业计划就无法融资"，这是被广泛证实的事实。从某种意义上讲，创业计划书是一件艺术品，它是公司形象与个性的象征。在创业之初，当你征询潜在的投资者、向银行申请贷款、准备聘用高层管理人员、准备同某供应商建立长期合作关系时，对方一般会要求创业者提供创业计划书。这个时候，创业者必须拿出事先准备好的创业计划书，这样才能有效地宣传自己并节省宝贵时间，提高工作效率。

## 一、创业计划书的作用

投资者希望通过一份理想的创业计划书来缩短决策的时间，了解相关项目经营与发展的过程与结果，获得详尽的投入产出分析。

创业计划书发展至今，已经由单纯的面向投资者转变为企业向外部推销宣传自己的工具和企业加强管理的依据。现今的创业计划书的功能主要体现在以下三个方面。

### （一）使创业者整体把握创业思路、明确经营理念

一个酝酿中的项目，往往很模糊，通过制定创业计划书，把正反理由都书写下来，然后逐条推敲。这样，创业者就能对这一项目有更清晰的认识。一般来讲，每一位创业者或者准备创业者在创业之初都会对拟创建企业的发展方向及经营思路有一个粗略的设想。但是，如果把这一设想编写为创业计划书，可以使创业者整体把握创业思路、明确经营理念；可以帮助创业者有效管理企业并走向成功；还可以宣传创业企业，并为融资提供良好的基础。

创业者如果把设想编写成规范的创业计划，则会发现自己所要从事的事业原来并非如自己所设想的那样。例如，市场增长率不像期待得那样高，或者自己的资金不足等，有些时候还不得不放弃创业念头，这种情况是经常发生的。而这也正是创业计划提供的最大帮助——使创业者客观地、严格地、不带个人感情地从整体角度观察自己的创业思路，明确经营理念，以避免因企业破产或失败而导致的巨大损失。另外，在研究和编写创业计划书的过程中，我们经常会发现经营机会并不完全与期望的一样；但如果对创业活动做一些调节，成功的可能性会更大。此时，创业者会根据实际情况采用不同的策略使创业活动更加可行。因此，创业计划书的编写过程就是创业者进一步明确自己的创业思路和经营理念的过程，也就是创业者从直观感受向理性运作过渡的过程。

### （二）帮助创业者有效管理企业，并走向成功

成功的创业计划书是一份非常有意义的企业文献。它可以增加创业者的创业信心，创业者会明显感到对企业更容易进行控制、对经营更容易把握。这是因为创业计划书提供了企业的基本现状及其发展方向，同时又为企业提供了良好的效益评价体系及管理监控标准，使创业者在管理企业的过程中对企业发展中的每一步都做出客观的评价，及时根据具体的经营情况调整经营目标，完善管理办法。

此外，创业计划书还可以激励管理者及公司员工。创业企业所面临的主要问题之一是如何让企业的每一位成员了解本企业的发展战略和创业计划，并朝着同一目标努力。如果企业内部的每一位员工对企业的发展战略有不同的看法，企业则很难取得什么成就。一份由企业所有管理人员共同参与制订的创业计划书能确保每个人都了解企业的发展方向，同时对他们产生一定的激励作用。

### （三）宣传创业企业，并为融资提供良好的基础

如同推销人员参加商品展览会、公司总经理参加高层会议一样，书面的创业计划是创业企业的象征和代表，它使创业者与企业外部组织及人员达成良好的沟通，是企业对外宣传的重要工具。其作用主要表现在以下几个方面。

1. 寻求风险投资

风险投资商一般要求筹资企业在融资过程中提供创业计划书，风险投资商根据创业计划书对企业进行筛选，选择他们认为最有发展潜力的企业进行投资。

2. 寻求战略性合作伙伴和签订大规模的合同

战略性合作伙伴是指与创业企业有合作研究、合作市场开发及其他业务关系的各种企业及公司。对于创业公司来讲，获得战略同盟就意味着有了获得资金、市场及其他领域的重要渠道。一般来讲，一个大企业在吸收一个小企业作为其战略性伙伴之前，需要详细阅读该企业的创业计划书。同时，创业企业在向大企业承揽大的业务的时候，大企业的管理者一般也要求创业企业提供创业计划书。

3. 吸引高级管理人员

创业企业在招聘高级管理人员的时候，往往也需要创业计划书。因为对于创业企业来讲，招聘管理人员实际上是双向选择的过程：公司想招聘到优秀的高级管理人才，应聘者也想知道在新的公司里能否发挥自己的才能、能否有所发展。

4. 获得银行资助

银行一般只要求贷款企业提供过去和目前的财务报表。但如果资金的需求大大超过资金的供给，只提供财务报表是不够的，贷款企业必须提供有前景的创业计划书。创业计划书可以使本企业与众不同。尽管银行不要求贷款申请人提供企业创业计划书，但是申请贷款企业提供创业计划书会增大获得贷款的可能性。银行在进行贷款决策的过程中是非常谨慎的，一份书面的创业计划书会提供更多的信息，在银行阅读计划之前，计划本身已经告诉银行：该企业的创始人非常重视计划，从而增强银行对企业成功和减少风险的信心。有时候，企业的信息对银行十分重要，因为银行会认为这些创业者更注重规避风险，从而也就更有资格获得贷款。

## 二、创业计划书的编写原则

创业计划书也称商业计划书，是具体说明投资意向的书面文件。一份好的计划书必须充分展现创业者对于企业内外环境的熟悉程度及实现计划书的信心，必须包括所有重要的

经营功能，对环境变化的假设与预测也必须一致。要做到这些，企业在编写计划书时要遵循以下几点原则。

### （一）坚持以市场为导向

任何一个企业的利润都来自市场对产品与服务的需求，没有依据明确的市场需求分析所撰写的创业计划书必将是空洞的。因此，创业计划书必须坚持以市场为导向的原则来编写，通过市场调查充分显示创业者对于市场现状的掌握与未来发展预测的能力。

### （二）展现竞争优势与投资利益

创业计划书不仅要将经营、管理方面的资料展现出来，而且要充分展示创业者所具备的竞争优势，同时还要明确指出投资者的利益所在，以及显示出创业者创造利润的强烈愿望。

### （三）展现经营能力

创业计划书的"管理团队"部分要充分展示创业团队的经营能力与丰富的经验背景，并显示创业团队对于该产业、市场、产品、技术及未来运营策略已有的信心和对创业成功的把握。

### （四）内部逻辑一致

创业计划书通篇都要做到前后基本假设或预测相互呼应，前后逻辑一致。例如，财务预测必须根据市场分析与技术分析所得到的结果而进行各种报表的规划，人员的配备也要依据经营规模的变化而变化。

### （五）真实明确

创业计划书内的数字必须是通过调查而来的，不能凭空想象，尽量做到客观、真实。创业者一般容易高估市场潜力或投资回报而低估经营成本和风险，创业者要尽量列出客观可供参考的数据与文献资料，明确指出企业的市场机会与竞争威胁，并要以具体的资料、数据作证。同时还要分析可能的解决危机的方法。此外，创业计划书要明确说明各种分析所采用的假设条件、财务预测方法与会计方法、市场需求分析所依据的调查方法与事实依据。

### （六）完整性

创业计划书一般包括执行摘要、企业描述、市场营销、营运、管理、财务、主要风险、收获策略、项目进度表时间检查点、附录和参考资料十个方面的内容。但其内容、用词要以简单明了为原则，文字通畅，表达准确，排版规范，装帧整齐，对于非相关资料尽量不列出来。

## 三、创业计划书的主要内容

一份完善的创业计划书，应该详细描述公司的目标、为实现目标将要采取的各项战略方针、公司的组织结构和公司运营需要的资金等。

## （一）执行摘要

摘要是全部计划书的核心所在，是创业计划的精髓。摘要简要介绍计划内容，将所有的信息置于不同的视角之下，总长度不能超过三页。摘要通常在整个商业计划书完成后开始撰写，这样才能够将每一章节的特点包括到摘要中。由于摘要是人们阅读计划的第一部分，甚至可能是唯一部分，因此它必须展现出整个计划的质量水平，必须是整个计划的完美缩影。

摘要部分的陈述内容要简单介绍企业自身、市场机会、财务需求、未来预测和企业相关的特殊研究或技术，要符合评估者或投资者的阅读习惯。如果这些信息阐述得不够简明、清楚、充分，或只是简单地总结该计划，读者也许会将整个计划置于一旁而并不给予资金。

## （二）企业描述

首先，要确定具有特殊意义的企业名称（如家族名称或技术名称等）。其次，要通过企业现状和未来发展趋势来展现行业背景。再次，要详尽地阐述这个新创企业，预测其潜力。所有的重要方面都要加以定义并使其可理解，图表等材料也要包括在其中。最后，深入讨论这一新创企业在竞争中的潜在优势，包括专利、版权和商标，以及特殊技术和市场优势等。

## （三）市场营销

这部分内容要求创业者必须证明市场是存在的，预计的销售量是能够达到的，企业最终会在竞争中取胜。这一部分通常是商业计划中最难的部分，同时也是最重要的部分，因为此后的各部分都要根据这部分的销售计划来制订。基于市场研究和分析的销售水平预测直接影响生产运营规模、市场营销计划、债务额和股权资本等。

### 1. 市场利基和市场份额

市场利基是指市场利基者越过专业化经营而获取的更多的利润。利基市场是指市场中通常为大企业忽略的某些细分市场。利基市场战略是指企业通过专业化经营来占领这些市场，从而最大限度地获取收益所采取的策略。实施利基战略的重要意义在于：公司事实上已经充分了解了目标顾客群，因而能够比其他公司更好、更完善地满足消费者的需求。并且，市场利基者可以依据其所提供的附加价值收取更多的利润额。总之，市场利基者获得的是"高边际收益"，而密集市场营销者获得的只是"高总量收益"。

另外，要列出已经表示对产品或服务感兴趣的潜在顾客，并分析他们的兴趣所在。阐述市场的整体潜力是十分重要的，至少要预计三年的销量，要包括其他一些影响市场扩大（行业趋势、社会经济趋势、政府政策和人口变化）的因素。此外，还应当回顾以前的市场走向，分析过去的年度增长率与预计年度增长率之间的不同。

### 2. 竞争力分析

企业家应该分析其竞争的产品或服务的优缺点。用于评估竞争的任何资料都要标明来源。基于竞争产品或服务的定价、市场表现、服务、保障和其他相关特点，简要探讨目前竞争产品和服务的优缺点，分析它们为什么不能满足客户需求。要综述一下竞争公司，讨论各个竞争公司的市场份额、销售和分销情况及生产能力，尤其要注意竞争对手的盈利能力和利润趋向。

### 3. 营销策略

营销策略部分要大致确定公司的总体营销理念和方式。营销策略是指公司在广义上对其产品和服务进行市场营销，从而构成了制订营销计划的基础。营销研究则是系统地收集、分析、整合与公司的市场、顾客和竞争对手相关的信息，其目的是更好地制订营销决策。市场研究则是收集和评估顾客对于产品和服务偏好的信息，同样也是营销研究的一个组成部分。营销理念和方式应当通过市场研究和评估数据得出。

### 4. 定价政策

价格必须能够保证公司进入市场并获得一定的市场地位，从而产生利润。在讨论定价政策的过程中，企业家会考察多种定价策略，并最终确定一种有说服力的策略。定价政策要与主要竞争对手的定价政策相比较。同时，还要考虑生产和最终销售之间的毛利空间，看这个空间是否能够满足分销、销售、保障和服务支出，满足发展中的摊销和设备损耗，并最终产生利润。

### 5. 广告计划

对于生产型商品来说，企业家要准备好产品的样板、宣传稿件，参与贸易展的计划，贸易杂志广告，直邮宣传或使用广告代理。对于其他普遍的产品和服务来说，企业家要介绍产品的广告和促销模式，还应当包括销售援助计划等。

## （四）营运

这一部分通常以说明新创企业所在位置为开端。新创企业的选址应当参考劳动力可利用率、薪酬水平、与供应商的邻近程度及顾客社会支持度等因素。此外，地方赋税及当地的一些优惠政策也应当考虑在内。其他特定的需求则包括新创企业营运所需要的设施（厂房、仓库和办公室）和设备（特殊工具、机器、电脑和运输工具），同时，还要考虑原料运输过程中供应商（数量和邻近程度）和运输成本两个因素。当然，劳动力支持、薪酬水平和所需要的技术岗位也要体现出来。最后要标出的是与所有营运因素相关的支出数据。这一部分所使用的财务信息将用于此后的财务预测。

## （五）管理

这部分明确的是核心人才及其职责，以及使他们胜任各自角色的职业生涯经验。管理团队中的每个成员都要提供电子简历。同时，企业家在该企业中所扮演的角色也要在这一部分被清楚地界定。最后确定和探讨的是顾问、咨询团队和董事会成员。在这一部分中，要清楚地阐述薪酬结构和所有权结构（股权协议、咨询费用等）。总之，经过探讨要呈现给投资者的主要因素有以下几点：组织结构，管理团队和关键人才，人才的经验和技能，所有权结构和补偿协议，董事会和外界顾问、咨询人员。

## （六）财务

商业计划的财务部分展示了这项事业的潜在活力。在这一部分，有三种基本财务报表需要呈现：预计资产负债表、利润表和现金流量表。

①预计资产负债表是依据当前的实际资产负债表和全面预算中的其他预算所提供的资料编制而成的，反映企业预算期末财务状况的总括性预算。预计资产负债表可以为企业管

理部门提供会计期末企业预期财务状况的信息，它有助于管理部门预测未来期间的经营状况，并采取适当的改进措施。预计利润表以货币为单位，全面综合地表现预算期内经营成果的利润计划。该表既可以按季编制，也可以按年编制，是全面预算的综合体现。它是利用本期期初资产负债表，根据销售、生产、资本等预算的有关数据加以调整编制的。编制预计资产负债表的目的在于判断预算反映的财务状况的稳定性和流动性。如果通过预计资产负债表的分析，发现某些财务比率不佳，必要时可修改有关预算，以改善财务状况。

②利润表是反映企业一定会计期间（如月度、季度、半年度或年度）生产经营成果的会计报表。企业一定会计期间的经营成果既可能表现为盈利，也可能表现为亏损，因此，利润表也称为损益表。它全面揭示了企业在某一特定时期实现的各种收入，产生的各种费用、成本或支出，以及企业实现的利润或发生的亏损情况。利润表是根据"收入－费用＝利润"的基本关系来编制的，其具体内容取决于收入、费用、利润等会计要素及其内容，利润表项目是收入、费用和利润要素内容的具体体现。从反映企业经营资金运作的角度看，它是一种反映企业经营资金动态表现的报表，主要提供有关企业经营成果方面的信息，属于动态会计报表。

③现金流量表是反映一定时期内（如月度、季度或年度）企业经营活动、投资活动和筹资活动对其现金及现金等价物所产生影响的财务报表。这份报告显示资产负债表及损益表如何影响现金和等同现金，以及根据公司的经营、投资和融资角度做出分析。作为一个分析的工具，现金流量表的主要作用是决定公司短期的生存能力，特别是缴付账单的能力。现金流量表是反映一家公司在一定时期现金流入和现金流出动态状况的报表。其组成内容与资产负债表和损益表相一致。通过现金流量表，可以概括反映经营活动、投资活动和筹资活动对企业现金流入流出的影响，对于评价企业的实现利润、财务状况及财务管理，它比传统的损益表能提供更好的基础。

### （七）主要风险

这部分主要讨论以下几种潜在风险：行业发展不顺利带来的影响；预料之外的设计或生产成本；购买部件或原料时遇到的延时困难；预料之外的新竞争等。要解决这些问题，有效的方法就是进行假设。例如，如果竞争对手降价了怎么办、行业走下坡路怎么办、市场预测错误怎么办、销售预测完不成怎么办……

另外，在这一部分应列出可供选择的解决方案。显然，这些风险都有可能发生，阅读商业计划书的人想知道的是企业家是否意识到了这些风险，以及有没有为这些主要风险做好准备。

### （八）收获策略

每一份商业计划书都要深入探讨未来的收获策略。随着企业的发展壮大，企业家规划出有秩序的转变是十分重要的。这一部分要处理的就是有关管理层继任和投资者策略的问题。此外，还要考虑改变管理层，即当企业所有权改变时有序地转变公司资产；在转变过程中保证商业策略的连续性；当管理团队发生改变时任命运作业务的关键人员。因此，制订一份书面的企业承接计划十分必要。

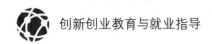

### （九）项目进度表时间检查点

在制订项目进度计划时，在进度时间表上设立一些重要的时间检查点，这样一来，就可以在项目执行过程中利用这些重要的时间检查点来对项目的进程进行检查和控制。这些重要的时间检查点被称作项目进度表时间检查点。

这种方法在管理层中用得最多，主要是列出项目的关键节点及这些节点完成或开始的日期。编制进度以前，根据项目特点编制项目进度表时间检查点，并以该项目进度作为编制项目进度计划书的依据。编制进度计划书后，根据项目特点及进度计划项目进度表时间检查点，并以此作为项目进度计划的主要依据。项目进度一般是项目中完成阶段性工作的标志，标志着上一个阶段结束，下一个阶段开始，将一个过程性的任务用一个结论性的标志来描述，明确任务的起止点。一系列的起止点就构成了引导整个项目进展的项目进度表。

### （十）附录和参考资料

商业计划书的最后一部分并不是强制要求的，但这一部分可以展示一些不适合编入计划主体部分的内容，包括图表、蓝图、财务数据、管理团队成员简历，以及其他任何部分的支撑材料。具体编写哪些内容的决定权在企业家手中。但是，所有的内容都必须与材料相关或支持其他材料。

思考：

①撰写一份适合你自己的创业计划书。

②如何在进行创业实践前制作一份可行性较好的计划书？

## 第三节　实施计划

### 一、创建企业

确定好了创业目标，经过了先期的论证评估，制订了创业计划书之后，创业者就可以着手创建企业了。

创办新企业要注册登记，如同增加人口要办理户口一样。根据我国的法律规定，新办企业必须经工商行政管理部门核准登记颁发营业执照，并获得有关部门颁发的经营许可证，如卫生许可证、环保许可证、特种行业许可证等。企业只有领取了营业执照，才算有了"正式户口"般的合法身份，才可以开展各项法定的经营业务。

一般的创业流程如图 4-1 所示。

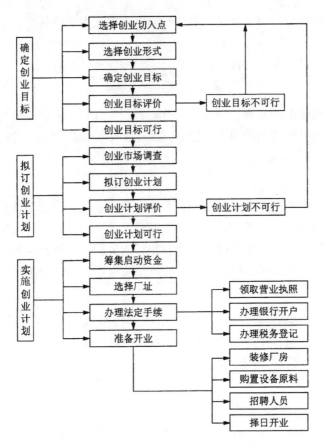

图 4-1 一般的创业流程

# 二、管理企业

## （一）企业战略管理

企业为了适应未来环境的变化，把战略的思想和理论应用到企业管理当中，寻求长期生存和稳定发展而制订总体性和长远性的谋划，就是企业经营战略管理。

一般来讲，企业战略管理包含四个关键要素：①战略分析，即了解组织所处的环境和相对竞争地位；②战略选择，即进行战略制订、评价和选择；⑧战略实施，即采取措施发挥战略作用；④战略评价和调整，即检验战略的有效性和可控可操作性。

## （二）企业组织管理

随着中国经济走向历史发展的快车道，市场竞争形势发生了重大变化，其中很重要的一方面，就是企业的成长发展不再依赖个人的力量，而是依靠团队和组织的力量。而团队、组织力量的形成，除包括战略规划、目标设置、计划编制方面的要素外，建立科学严谨的企业组织管理体系应是企业长期不变的信条。

## （三）人力资源管理

遍布世界各地的著名快餐店麦当劳是一个靠人才起家的典型连锁企业。除麦氏兄弟外，

克罗克等人对企业的发展也起到了举足轻重的作用。加强人力资源管理,对创业成功具有重要意义。

人力资源管理涉及以下主要内容。

### 1. 人力资源规划

通过对人力需求和供给的预测,制订人员计划、晋升计划、人员配置与调整计划、培训开发计划和报酬计划等。规划的原则一般有三个:①尽可能少用人;②因事设人;③长远打算。

### 2. 人员招聘

首先,确定用人标准,以便迅速、准确、有效地招聘、选拔和录用符合工作需求的合格人员。其次,着手招聘事宜,可通过笔试、面试或具体操作等途径,来招揽自己所需要的人才。不过,值得注意的是,创业者必须注意招聘的道德和规范,坦诚地对待每一位应聘人,以此来换取竞聘者的信任,使新招聘到的员工能与自己长期合作。

### 3. 绩效评价

绩效评价是对员工一段时间内的工作表现和工作业绩做出评价的过程。它是人力资源管理中很重要的一环,与员工的挑选、培训、职位升降、工资报酬等有着密切的联系。创业者对员工进行绩效评价时,应注重三大原则:①建立绩效标准;②公正、公开评价;③及时反馈评价结果。

### 4. 薪酬管理

创业者应明确创业组织各项工作所需的技能、学历和工作的难易程度等,从而判断承担每项工作的员工的相对价值,以此作为薪酬管理的依据,制订公平、合理的薪酬政策。管理者要根据绩效评价的结果,运用合理的福利、晋升及其他激励机制,使员工变得更有积极性和创造性。

### 5. 协调劳动关系

运用各种手段,对管理者与被管理者、员工与雇主、员工与员工之间的关系进行协调,避免不必要的矛盾和纠纷;按照国家法律法规要求,维护员工的各种合法权益不受侵犯,保证相关劳动法规在组织里的正确实施。

### 6. 培训与开发

通过分析,管理者要明确从事组织中某项工作所需的技能、知识和素质等,依据这些条件和要求制订员工的培训计划,有针对性地设计和安排培训内容,提高员工的工作能力、知识水平,最大限度地使员工的个人素质与工作需求相匹配,进而促使员工的工作绩效提高。

## (四)企业财务管理

财务管理的基本内容是由企业资金运转的内容和形式所决定的。企业在生产经营过程中,要经过资金投入、生产产品或经营商品、回收资金的运转过程,而创业中的财务管理内容则更为复杂、具体。

①资金筹集的管理。其主要包括对资金成本和投资风险的评价,资金的筹集和管理,

企业债权、债务的管理。

②流动资产的管理。其主要包括现金和存款的管理、应收款和预付款的管理、存货的管理、低值易耗品的管理。

③固定资产的管理。其主要包括资产折旧管理、新的投资项目的管理。与固定资产相对的就是无形资产，无形资产是指企业拥有或者控制的没有实物形态的可辨认非货币性资产，如货币资金、应收账款、金融资产、长期股权投资、专利权、商标权等，因为它们没有物质实体，所以表现为某种法定权利或技术。

④成本费用的管理。其主要包括生产成本、资金使用成本、管理成本、企业策划成本、广告成本等方面的管理。

⑤销售收入、利润、税务和分配的管理。这里要强调的是，在进行财务管理时，一定要强化税后利润的概念，自觉将依法纳税纳入财务管理日程。

⑥财务报告与财务说明。其主要包括资产负债表、损益表、财务状况变动和账务情况说明书的管理，此外还有财务分析。

### （五）企业营销管理

影响企业营销活动的因素一般有两大类：一类是企业不可控制的环境因素；另一类是企业可控制的营销因素。企业可控制的营销因素很多，美国密歇根大学教授麦肯锡把它概括为四大因素，即麦肯锡著名的"4P"组合：产品（product）、价格（price）、分销渠道（place）、促销（promotion）。所谓产品是指满足市场需求的有形的物品及无形的服务、组织、观念或它们的组合；价格就是为本产品制定价值的货币尺度；分销渠道是指产品从生产者向最后消费者或产业用户移动时，直接或间接转移所有权所经过的途径；促销就是将适当的产品，按适当的价格，在适当的地点通知目标市场，包括销售推广、广告、培养推销员等。

### （六）企业文化管理

企业文化是指企业在发展中形成的一种企业员工共享的价值观念和行为准则。成功的大型企业一般采用自己独特的文化来管理并影响自己的企业。

企业管理的最高境界就是全面提升企业的核心竞争力，其中包括企业的决策能力、组织能力等。加强企业文化管理，正是从员工价值观的共识、彼此的默契、能力的提升等多个方面提高企业的核心竞争力的。企业文化具有可塑性，并非企业天然具有的，可通过大力提倡，逐步塑造而形成。企业文化一旦在员工中达成了共识，就不会轻易改变，并将长期发挥作用，悄然无声地渗透到企业的各项工作和员工的各种行动中。企业应针对自身状况，投入财力和人力，大力发展优秀的企业文化，促进企业的繁荣和成长。

## 三、企业经营战略

### （一）起步阶段的企业经营战略

①开发企业的组织能力。从人力资源开发与管理者角度来看企业发展，企业组织能力就是指一个企业实现其战略目标的能力。简单来说，可以从以下几个方面来进行衡量：①员工的思维模式，即员工是否有意愿为完成企业的战略目标而努力工作；②员工的能力，

即员工是否具备完成工作任务的能力；③员工的治理方式，即企业能否为员工提供充分发挥才能的环境。实际上，有效的能力是上述三个方面因素共同作用、相互平衡的结果，不可忽视任何一个方面。开发企业的组织能力也正是现代企业人力资源管理的核心所在。

②同供应商建立战略联盟。既让供应商在整个产业链中开展其专业化的活动，又利用其发展来推进自己。

③适应快速变化的市场环境。因为对未来要发生的变革不可能全部做出预测，企业必须敏捷、快速地调动公司的资源，对竞争对手的行动和新的技术发展态势等做出适当反应。速度、灵活性和创新精神在此时显得十分珍贵。

### （二）成熟期的企业经营战略

①竞争战略的选择。哈佛大学商学院著名的战略管理专家迈克尔·波特提出，基本竞争战略有三种：成本领先战略、差异化战略、集中化战略。企业必须从这三种战略中选择一种，作为其主导战略。要么把成本控制到比竞争对手更低；要么在企业产品和服务中形成自己与众不同的特色，让顾客感觉到你提供了比其他竞争者更多的价值；要么致力于为某一特定的目标市场、某一特定的产品种类或某一特定的地理范围服务。这三种战略架构上差异很大，成功地实施它们需要不同的资源和技能。在选择竞争战略时，对不同产品的生产规模进行成本分析是十分必要的。如果是小批量生产，采用差异化战略或集中化战略是有利的；若是大批量生产，则采用成本领先战略为好。

②产品结构的调整。当企业进入成熟期后，产品的特色正在逐渐减少，价格也会逐渐下降，因此就需要进行产品结构分析，淘汰部分亏损和不赚钱的产品，将企业的注意力集中于那些利润较高、用户急需的项目和产品，努力使产品结构更趋合理。

③工艺和制造方法的改进与创新。随着企业的逐步成熟，新产品开发将越来越困难。因此，企业应为进一步降低成本而在工艺和制造方法革新上下功夫，在产品销售渠道等方面进行改进，以期能获得较多的利润。

④用户的选择。在企业进入成熟期后，企业扩大销售额比较容易的方法就是使现有用户扩大使用量，这比寻求新用户更为有效。因为扩大用户往往会引起剧烈的竞争，而对现有用户增加销售，可以用提高产品等级、扩展产品系列、提供更高质量的服务等方法来实现。因此，企业应努力保住一些重点老客户，以有效增加销售额。

⑤开发国际市场。有条件的企业可努力开拓国际市场，以扩大资源利用范围。当国内市场趋于饱和后，尤其应当重视国际市场。

### （三）再创业

①最诚恳、最真挚地对待帮助过你的人。对于在你创业初期或创业过程中帮助过你的人，一定要永远以最诚恳、最真挚的方式对待他们，尤其是那些给你提供了创业资金等帮助的人。在你失败的时候，千万不要躲避、隐瞒甚至欺骗他们。如实地把你的情况告诉他们，力争得到他们的理解和谅解，也要有勇气正确面对现状，要向他们承诺其债权永远有效，并一定能及时偿还。请求这些人的理解是你走出创业失败困境的第一道关口。

②恳请朋友帮助你分析你的处境。"不识庐山真面目，只缘身在此山中。"再冷静的创业者，在失败的时候，往往也难以清醒地对待自己的处境。这个时候，你没有必要仍然只相信你自己，请朋友来帮助你，分析你目前的处境并提供对策，是你渡过难关、重振雄

风的又一法宝。

③整理剩余资源。创业失败之后，你还有些什么？这是你必须面对的严酷现实。固定资产、现金、商标、专利、土地、专有技术、公共关系和客户等，这些都是创业的宝贵资源，是你可以翻身再创业的前提条件。你必须十分清楚，资源的重新组合就是你再创业的前期投入。

④反思你失败的原因。一次创业失败后，一般不可能马上就有再创业的机会。但你应该积极反思失败的原因，总结经验教训，未雨绸缪，积极为日后再创业做好思想和经验准备。

⑤抓住身边的机会。以最短的时间控制自己的失败情绪，努力学习新的创业理论、别人的成功经验和能够掌握的新知识，这将有助于你开始新的创业实践。应做一个有心人，随时观察、捕捉身边的创业机会。当机会来临时，就紧紧抓住它，积极有为，切莫与它失之交臂。

## 四、规避创业误区与风险

18世纪美国伟大的科学家和政治家富兰克林曾无奈地感叹："在这个世界上，除了死亡和税收外，没有什么事情是确定无疑的。"同样，对于创业者来说，除了风险外，没有什么是确定的。

### （一）常见的创业误区及其规避方法

#### 1. 过于乐观

在经济快速增长的时候，人们容易随意超支，对未来估计过于乐观，藐视风险，从而形成投资泡沫。这种情形，如遇风吹草动，泡沫破灭，投资者就会陷入危局和困境。因此，投资者应从风险与收益平衡的角度考虑企业的投资方向，选择合适的投资项目，并且把投资规模控制在适度的范围内。在具体投资时，应将资金分批次、分阶段投入，尽量避免一次性投入；应留有"后手"，以防环境变化，风险发生，手中再无周转资金，以致满盘皆输。

#### 2. 急功近利

创业者在初涉投资时，易受眼前利益驱动，而忽视长远利益，采取急功近利的短期行为。这样做，虽然有可能使自己一时获利，却容易丧失长远发展的后劲。投资是一项系统工程，创业者要克服急功近利的思想，切不可杀鸡取卵、竭泽而渔。

#### 3. 不愿寻求投资合作伙伴

不少创业者封闭保守，只愿单打独斗，不愿寻求投资合作伙伴。其实，在投资活动中，投资者既应讲独立，也应讲合作。适当的合作（包括合资）可以弥补双方的缺陷，使弱小企业在市场中迅速站稳脚跟。如果创业者不顾实际情况，一门心思单打独斗，就很可能延误企业的发展。

#### 4. 放弃弱小的合作伙伴

创业者在寻求合作伙伴时，往往追大弃小。其实，在你需要的时候，弱小的合作者有可能给予你及时和有力的帮助，一些更强大的潜在合作伙伴反而有可能却步不前，弃你而

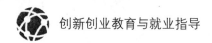

去，使你丧失更多的机会。

### （二）创业风险的防范与控制

初次创业暗藏着巨大的风险，资金不充足、资源不完备等因素可能会大大降低初次创业的"免疫力"，使创业者随时面临经营风险。那么，初次创业主要有哪些特征性风险需要注意和有效规避呢？

**1. 规避现金流周转的风险**

创业时，有可能因资金准备不足或资金占用因素导致资金暂时断流，甚至给员工发工资都成问题，遇到这种情况最令创业者被动，毕竟创业者是用现金来购买设备、发放工资、缴纳税款、支付账单的。因此，应把创业思考的重点放在如何减少必需的资金投入、缩短销售周期，特别是尽快获得可重复增加的收入方面。

如果你想创业，就要面对现金流问题，还要发现市场存在的创业需求，看看自己能否用新的方法去满足这种需求。仔细观察身边的消费需求，看看自己是通过选个新地方还是换种新方式来实现这种需求。这样你的创业才能够顺利开始。初次创业必须确定利润模式，必须找到利润点，要有明确的利润来源。

**2. 规避创业团队人事危机的风险**

受经济危机风潮的影响，创业过程中来自合伙人、股东、员工的人事危机，包括退伙（股）、"跳槽"、利益纠纷等人事风险，不仅表现为使创业组织不能正常运行，还表现为当雇员不能为创业企业所用时，到竞争对手那里去挖创业企业的"墙角"。许多创业者一开始就想组建一支优秀的创业团队，但要慎重选择团队成员，要首选那些年轻、渴望工作、工作能力强但并不一定有丰富的经验、对工作机会异常珍惜的人，他们很可能是创业起家的最佳拍档。

如果你是创业团队的领头雁，你所做的就是把创业团队人员凝聚在一起，将其积极性和创造性更为充分地调动起来。毕竟，创业需要的是行动力，而不是杂乱无章的想法。并且，创业者要有整合资源的能力，初次创业要"团结一切可团结的力量"，打造一个优势互补的利益共同体，以此有效降低成本，提升运营效率，使企业运营事半功倍。

**3. 规避政策和决策的风险**

创业者如果不懂得相关行业政策和自己所从事产业的相关政策，在创业过程中不善于把握和运用一些优惠政策，无异于盲人摸象，会走不少弯路，甚至误入歧途，这样带来的风险是"硬伤"。要在政策允许的范围内创业，不可以怀着侥幸的心理，采取"打擦边球"的做法。决策风险是指在决策活动中，由于主、客体等多种不确定因素的存在，而导致决策活动不能达到预期目的的可能性及其后果。在此，需要告诫创业者的是，要尽可能降低创业中的决策失误率，尤其是战略方向的，也就是我们常说的"做正确的事，然后把事情做正确"。

**4. 规避不切现实的风险**

创业需要创新，但创业更是脚踏实地的行动，而不是盲目自大的臆想、痴人说梦。总是将创业理想化，将创业前景想得过于简单和乐观，认为自己在做没有人做的事，或自己在做别人无法赶超的事，这样所承担的不切实际的创业风险一旦变成现实，打击将是致命的。如果想创业，就要面对现实，从现实中发现市场存在的需求，看看自己能否用新的创业方法去满足市场需求。

总的来说，要不断地去实事求是地进行创业，而不是没有经过认真酝酿，便心血来潮地开始创业行动，看到别人赚钱，于是自己也要干，不考虑自身的素质条件或时机是否成熟，执意模仿与跟随。这样的创业，对于创业者来讲成功的概率比较小，竞争也会更加激烈，最后导致同行不认账，消费者也不买账。

创业需要激情但不需要冲动，创业需要脚踏实地地去实现，而不是一蹴而就的。

### 5. 规避产品项目和市场营销的风险

市场营销风险是创业过程中较为核心的风险因素。强势竞争对手的出现导致竞争加剧，市场形势瞬息变化。市场是检验创业项目与产品优劣的唯一地方，市场营销在创业过程中显得尤为重要。如果产品选不好，项目选不好，营销能力再强也无异于自断后路；而如果产品或项目都很不错，市场营销能力欠缺，这样所形成的创业风险则会伤及创业行为本身。为谨慎起见，创业者可以先选择一个较小规模的市场尝试销售，根据市场反馈，再对产品和营销计划进行修正。

这样做既可以加快市场进入的速度，以尽快获得现金的流入，同时也能了解到客户需要真正解决的问题。况且，花费更多的时间并不能保证产品的完美，相反只会产生更多不需要的功能。

创业中的市场营销就是创造顾客需求，更直接地把握更多的消费者需求，洞悉市场需求的变化趋势，并快速反应，找到满足市场需求及变化的办法。

### 6. 规避短期诱惑和盲目扩张的风险

如果创业者心猿意马，无法抵御来自市场或合作伙伴的利益诱惑，就很可能前功尽弃。

此外，如果创业者目光短浅，总是看着眼前的蝇头小利，甚至做出一些欺骗合作伙伴、客户及员工的小伎俩，最终的结果便是害人害己。初次创业暗藏着巨大的风险，它不同于二次创业，因为二次创业是企业为了寻找新的市场机会与经济增长点，并且企业已经（初步）完成了资本的原始积累及资源的积累。

当创业者越做越大时，企业的规模扩张、经营领域扩张、项目扩张等都同样存在着风险，如果盲目扩张，不能与企业能力、市场需求合拍，是极其危险的。对此，只能稳扎稳打、步步为营、循序渐进。

### 7. 规避创业中制度资本的风险

创业者要做制度的建设者，而不是破坏者。创业者要眼光向外，以外部发展需要来重组企业内部，以外部来拉动内部。同时，还应坚持不懈地提高标准，规范公司制度，这样才能从根本上规避制度资本风险。

除了针对不同类型风险做好防范措施外，建立全面的营销风险预警机制也很重要。其目的是将营销活动中的不安全营销行为（营销失误）和不安全营销过程（营销波动）牢牢掌握，为防止营销失败提供一种新型的营销模式和行动方式。

思考：

①大学生在创业实践中面临的风险有哪些？

②大学生应如何有效规避创业过程中的风险？

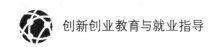

# 第四节　发展壮大

对于发展较好的企业来说，完成了原始积累，有了一定规模之后，创业者就面临如何向更高层次过渡、再创辉煌的问题。

## 一、品牌和信誉

品牌作为一种无形资产，在当今产品同质化的情况下，其经营的成功与否，对于企业的成长与发展至关重要。在市场品牌竞争日趋激烈的情况下，企业实施品牌战略的重点是进一步发展、壮大品牌，打赢品牌和信誉竞争的"白热战"。这样，才能避免上市后昙花一现，确保取得长久的品牌效益。

企业初创时期，由于对品牌和信誉等问题不够关注，可能会有各种产品问题出现，但到了发展壮大时期，塑造自己的品牌和信誉度已经刻不容缓——因为品牌和信誉会影响市场占有率。

品牌是知名度、美誉度、信誉度的有机结合，知名度是前提，美誉度是信息连通器，信誉度是保证。首先，让别人知道这个产品；其次，让别人知道这是个好产品；最后，让消费者信任并延续，产生再次购买的欲望。

企业创立品牌后，不但要做好品牌经营工作，更要善于从战略角度谋划，运筹好经营品牌。例如，以"牌"扩业，兼并或与市场竞争力不强的企业合作，从而迅速做大；又如，以"牌"聚资，吸引更多资金实现滚动发展，不断扩大市场规模和品牌影响力，进行新品开发和质量管理，寻求更大优势；再如，以"牌"引才，壮大企业智力优势，为品牌提升和长远发展奠定战略性人本基础。

## 二、企业规模和企业合作

所谓企业规模问题，就是指根据企业自身的条件、当时的经营状况及经济环境来决定企业规模的问题。太大不行，太小也不好。盲目扩张会带来经营上的巨大风险，而规模太小则有成本高、技术含量低、过度竞争等弊端。在二次创业中，可以通过适当的企业合作，做大规模来达到降低成本、消除过度竞争的效果。必须明确，企业无论在战略还是战术上，都必须把增强竞争能力、有最优化的利润放在首位，无论做大还是做小，都必须服从这一战略目标。

另外，还要看到在市场经济条件下，每个人、每个企业、每个地区都有自己的比较优势。因此，与相关企业合作，各自发挥自己的比较优势，双方互利共赢，这样不仅可以共同把市场的份额做大，也便于规避进入自己并不熟悉的领域所带来的风险，成功找到自己的生存空间。

### 三、规范管理和建章立制

#### （一）规范管理

发展得好的企业，大多经历过一个急剧扩张的时期，与之相伴随的是重生产、重营销，企业内在的管理也就被放到了相对次要的地位。但当企业的规模急剧扩大之后，昔日家庭作坊式的管理方式、管理经验已经明显不适应此时的情况，如果不加强管理、规范管理，难免会出现"猴子掰玉米"的现象。因此，企业在二次创业中必须建立一系列规范而科学的管理制度，通过加强管理来提高企业的素质。从长远来看，这是打造企业核心竞争力的重要一环，是在长期管理中铸就的企业素质。

#### （二）制度变革

企业初创阶段，无论是家族化管理还是合股好友间的共同管理，成员的凝聚力、战斗力，使其有着天然的合理性。然而随着企业规模的扩大，其管理需要纳入更加科学的轨道。现代企业更加注重股权的多元化、人才的吸纳和管理的规范，并最终向现代企业制度过渡。

如何理解制度建设对企业二次创业的重要性呢？"造钟"与"报时"是一个很好的例子。假设有两个人都很聪明，其中一个人可以通过天象报时，但他的这种技能却很难为别人所掌握；而另一个人造了一座钟，这样不仅他能报时，其他人也能报时。从制度对于经济发展的作用看，第二个人的贡献更伟大。对于一个优秀的创业者来说，要成为一个"造钟"的人，而不是简单地成为一个"报时"的人。那么，创业者"造钟"的基本内容是什么呢？"造钟"的基本内容包括远大的目标，核心竞争力，应变能力，核心文化，科学而严格的生产管理、营销管理、人事管理及财务管理等。企业初创阶段的"报时"者并不缺乏，而二次创业需要的则是"造钟"人。

### 四、二次融资

融资难仍然是困扰中小企业发展的一个主要因素。企业发展初期所需的资金大部分是通过自我积累解决的，但在新经济的形势下，自我滚动式发展模式很难满足企业的扩张需要。如何通过多种融资渠道获得更多的资金，成为中小民营企业必须解决的问题。

在目前的情况下，中小企业由于资信度不够及经营具有很大的不确定性，从银行信贷筹措到足够的资金仍然有不小的难度。中小企业要想提高发展速度，必须解决资金问题，这就要打破固有的思维模式，多渠道全方位进行融资。中小企业可以将目光转向创新基金和风险投资基金，以顺利突破发展道路上的"资金关"。

直接融资有三条途径：一是股份制，二是基金，三是资产重组。首先，企业可以通过改造自己为股份公司、参股和协议收购三种形式来实现股份制，在这个问题上，创业者必须看准时机，熟悉股市；其次，关注由政府出面组织的民营企业发展基金，把企业引入直接融资的渠道；最后，资产重组是通过盘活存量来解决自己增量不足问题的一种有效形式，对于快速扩张、在二次创业中迅速发展自己有巨大的促进作用。

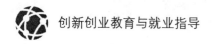

## 五、企业文化

企业文化包括三个层面上的文化：产品文化、制度文化及价值文化。从某种意义而言，企业文化虽然并不直接解决企业盈利的问题，却可以解决企业可持续发展的问题。

企业文化的本质内涵是"以人为本"。企业更要通过一系列的激励机制，充分调动员工的积极性，把人的潜力发挥到极致，使企业发展与个人发展相一致。企业文化要靠制度来体现和烘托，靠氛围来影响，靠细节来体现，这是建立在制度之上的一种更高层次的管理。对于民营中小企业而言，技术可以仿制，管理模式可以引进，形象包装和品牌建设可以交给专业公司打造，唯有企业文化，只能产生于企业内部，需要踏踏实实地积累和创建。

思考：

①用本章所学的知识和原理分析自己创业的心理素质，分别列出与创业的素质要求相符和不相符的地方，并提出改进计划。

②结合实践谈谈创业计划书的制订应注意哪些问题。

③在资金不充足的情况下，你如何筹措创业资金？你又将如何管理自己的创业资金？

④创业者为什么要预测资金？结合自己的创业项目，分组演练预测资金的过程。

下篇

就业指导

# 第五章　就业形势

## 第一节　职业院校毕业生就业现状分析

近几年来，学生就业形势一直比较严峻，主要是由于学生就业人数持续增长、社会经济下行压力较大、国际经济形势欠佳、公招性岗位招聘数量大量缩减等。这几年职业院校的就业所受之重视，也前所未有。作为一名即将毕业的大学生，要理性、辩证地认识当前形势，既深刻认识到所面临的挑战，又要看到战胜困难的有利因素，坚定信心，抓住机遇，同时还要做到知己知彼，百战不殆。

### 一、就业形势严峻

世界银行 2007 年世界发展报告显示，全世界失业大军中的一半是青年，仅以中东和北美地区为例，要稳定该地区的就业局势，就必须在 2020 年以前创造 1 亿个就业机会。我国也不例外，学生就业问题从 2001 年开始就日益突出。

目前学生就业形势很严峻，且在今后若干年将会持续。面对我国劳动力总量供大于求和就业压力巨大的现实，要实现充分、合理就业，降低失业率，除了继续保持较快的经济发展速度，提供更多的职业岗位，并大力发展职业教育与培训，向已有的职业岗位输送具有职业资格的劳动者外，还应大力提倡自主创业，为社会创造更多的就业岗位。大学生掌握了先进的科学技术并具备较丰富的专业知识和较高的综合素质，成功创业的可能性最大。因此，自主创业应作为未来的就业途径之一，它将开辟新的就业渠道，在解决自身就业问题的同时也为社会创造了新的就业机会，有利于缓解国家的就业压力。

### 二、就业岗位供给明显不足

我国人口众多，职业院校毕业生充分就业的需求与社会劳动力总量过大、素质不相适应的矛盾长期存在，就业结构性矛盾十分突出。按经济增长 8% ～ 9% 计算，我国每年可新增 800 万就业岗位，加上补充自然减员，共可实现就业 1000 万～ 1100 万人。自 2006 年以来 16 岁以上人口增长达到峰值，劳动力资源增量每年有 1700 多万人（含职业院校毕业生）。其中，城镇新增长劳动力达 900 万人，下岗待业人员不低于 460 万人，城镇登记失业人员有 840 多万人，按政策需在城镇安排就业的退役军人和农村劳动力约 300 万人，自 2007 年及以后几年每年全国城镇需安排就业总量约 2500 万人，但社会能提供的就业岗

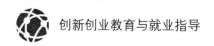

位只有 1000 万～1100 万个，劳动力供大于求。

## 三、就业结构性失衡现象严重

学生就业结构性失衡现象比较严重，主要表现在：

①地区失衡。毕业生仍以流向大中城市、东南沿海发达地区和一些省会城市为主，而一些西部边远地区及经济相对落后的地区则较少有人问津。

②学历失衡。劳动力市场对于不同学历层次毕业生的需求与学校培养仍存在着一定的差距，人才市场对职业院校生的需求仍然较大，职业院校生供需基本持平，专科生供大于求。这就造成了：一方面，高层次、高学历的毕业生争夺大战愈演愈烈；另一方面，专科层次的毕业生就业却越来越困难。

③学科专业失衡。据相关统计资料显示：有 10 类专业的毕业生的需求量最大，分别是市场营销、机械设计与制造类、电气工程及自动化、信息与电子类、建筑类、管理类、计算机应用类、经济学、英语、医药卫生。而财会、文艺、体育、文秘、教育等专业供大于求的态势比较明显。总体来讲，文科专业的就业形势与理科相比不容乐观。

## 四、就业渠道向非公有制单位转变

随着毕业生数量的逐渐增多，传统的大学生的就业渠道已经发生了变化，实现了由原来的国企和政府部门就业向非公有制单位的转变。虽然近两年毕业生报考公务员出现了前所未有的热潮，但真正录取的仅仅是少数。通过对近年来学生就业渠道的调查可知，应届生进入公务员队伍的比例越来越小，2015 年进入国家机关工作的毕业生占 1% 以下。但进入民营、"三资"企业的毕业生的比例却在不断提高，2015 年进入民营和"三资"企业的毕业生占 50% 以上。

## 五、用人单位对人才需求的现状

目前，用人单位特别是企业需要以下三类人才：一是具有市场观念和管理才能的经营人才。他们具有现代化企业管理的知识、创造性工作的才能和先进文化的综合素养，对市场的变化和发展有比较敏锐的洞察力和判断力。二是知识面宽，同时又掌握行业先进技术的技术人才。他们既有扎实、系统的专业理论功底，又有专业相关领域的知识基础，具备研发和解决技术难题的复合型创新才能。例如，学工艺的又懂设备，学机械的又懂电气，学计算机的又懂工艺等。三是既有一定专业理论基础，又有较强的动手能力，能解决实际问题的能手。他们具备丰富的实践经验和及时处理现场问题的能力。企业对于大学生的要求是除了具备专业知识以外，还能够认同企业的文化，有较强的实践动手能力，并且能够熟练地运用外语，有较强的自学能力、适应能力和团队合作能力。

# 第二节　影响职业院校毕业生就业问题的因素

## 一、社会环境和体制因素

### （一）经济转型和产业结构的调整

经济是教育发展的基础，社会经济的发展状况决定着社会对人才的需求，也决定着职业院校的人才培养。经济结构的调整和经济增长方式的转变，对职业院校毕业生就业也会带来一定的影响。目前，我国的产业结构正在调整，社会对人才的需求发生很大变化，这要求人才结构必须与产业结构的调整相适应，否则，便会出现毕业生就业困难或者就业后不适应岗位的问题。我国现行的教育体制和教育结构不能适应产业结构的调整对人才的需求，是产生职业院校毕业生就业难问题的又一原因。

### （二）用人单位对高学历的片面追求

目前，社会对复合型、高层次人才的需求日益迫切。用人单位盲目地追求高学历，使毕业生需求信息失真，人为地制造了就业难题，也带来了人才的浪费。由于学生就业市场制度化、法制化建设还不够完善，用人单位在招聘毕业生的过程中还存在一些市场不规范行为，影响市场的正常运作和作用发挥。主要表现为用人单位的"人才高消费"给低学历层次毕业生就业带来巨大压力。在很多人才招聘会上不难发现，不论什么岗位，用人单位都要求中专及以上学历。一些单位之间形成相互攀比现象，把招聘高学历毕业生作为提高单位声誉的招牌，从而造成高学历人才不足、低学历人才供过于求的假象，造成"人才高消费"现象。

## 二、职业院校因素

### （一）职业院校落后的教育模式忽视学生综合素质的培养

传统的教育是应试教育，其教育模式过分地强调知识的传授，忽视对学生综合素质的培养，压抑了学生学习的积极性和主动性，在一定程度上抑制了学生的个性发展。落后的教育观念必然带来落后的教育模式，这种教育观念不能适应当今时代发展的需要，直接影响到职业院校学生全面素质的提高。只有切实转变职业院校的办学理念，才能从根本上解决职业院校毕业生就业难的问题。

### （二）职业院校的教育培养方式与市场需求脱节

职业院校教学体系中存在的问题也影响职业院校毕业生顺利就业，主要表现在：第一，部分职业院校的培养目标不能适应市场的需求。一方面，社会缺乏国民经济发展过程中急需的人才；另一方面，社会上已经饱和的甚至应该淘汰的专业还在源源不断地输送毕业生，这种不以市场为导向的人才培养模式使人才的结构性供需矛盾更加突出。第二，专业设置结构不合理。一些职业院校在学科和专业设置上过细过窄，而且专业设置重复、长线专业过多，与社会对人才的要求脱节。第三，在课程设置方面，专业课程偏多，基础课程偏少，片面地强调"专"，而不是"博"，由于课程划分过细，存在课程内容交叉重复的现象。一些学校过分注重知识的传授，忽视对学生能力的培养，注重学生专业知识的学习，而缺少专业技能的训练，忽视综合素质的提高。很多职业院校还过多采用传统的过时的教学方式方法、教学手段和课程体系，人才培养模式相对落后，培养的毕业生与社会需求不吻合，加大了毕业生的就业难度。

### （三）师资队伍素质的弱化影响人才培养质量

职业院校是培养高素质人才的摇篮，培养人才的重任就落在职业院校教师的身上。职业院校教师的素质直接决定人才培养的质量。随着职业院校招生规模的不断扩大，近几年职业院校教师数量严重不足，致使教师的教学工作量增多。有些教师课前不备课，上课无教案或照本宣科；有的教师不布置作业或不批改作业，使职业院校的教育质量滑坡。教师的教学态度、治学精神、道德品质、价值趋向、行为举止等都会对学生形成一种自然的教育力量，产生着潜移默化的熏陶和感染的作用。

### （四）职业院校教育大众化加大职业院校毕业生的就业压力

职业院校教育大众化已成为我国职业院校教育发展的现实。职业院校教育大众化势必带来职业院校毕业生就业人数剧增，给以后造成更为沉重的就业压力。随着大学生待业群体的不断增加，就业形势也将更加严峻。

扩招显示出的特点一方面是规模过大，扩招速度过快，而市场对于大学毕业生的需求增幅不可能如此快，这种供给明显超过了市场需求，在短期内难以消化，必然明显地加大学生的就业压力。

## 三、学生自身因素

### （一）就业观念束缚

毕业生陈旧的就业观念也是造成就业难的一个因素。就业观念的陈旧主要体现在以下几个方面：一是工作城市和环境选择期望值过高。在许多职业院校毕业生找不到理想工作的同时，用人单位也招聘不到合适的人才，这与毕业生居高不下的择业期望值有关。二是薪资待遇期望过高。中国社会调查所的调查表明，79%的毕业生认为自己的薪金要求与自身的学历和能力相适应；但61%的企业认为他们的薪金不切合实际，超过了他们所能承担的范围。三是毕业生择业标准功利化，过分注重职业的经济效益，过于强调自我发展和个人价值的实现。毕业生在选择职业或工作岗位时，往往过于关注"增加个人收入""个人能力得到充分发挥""适合自己的专业兴趣""个人工作不受约束""个人成就感""有进修提高机会""福利待遇""解决个人住房"等与个人有关的因素。四是缺乏危机意识、主动就业意识、创业意识，毕业前等待、观望，认为自己是大学生，到社会上自然有"伯乐"找上门，暂不就业毕业生数量增加。

### （二）综合素质欠缺

部分学生的学习积极性、主动性不够，缺乏刻苦学习的精神，导致其专业素质不高。还有的学生忽视了学校组织的各种活动对自己全面成长所发挥的作用，对自身道德品质修养重视不够，导致诚信意识和法律意识淡薄、社会责任感缺乏、团结协作观念差。部分毕业生缺乏相应的人际交往能力、组织管理能力及语言、文字表达能力等，导致其在就业竞争中处于不利境地。

### （三）竞争意识不强

毕业生在就业过程中的竞争意识不够强，在当前严峻的就业形势下，主动参与就业竞争的比例还不高。例如：不能主动收集用人单位的招聘信息，对学校发布的招聘信息的关注及重视程度不够；用人单位来校举办专场招聘会，参与的积极性不高；主动到外校、重点企业应聘的很少；不能积极参与学校举办的就业活动、就业讲座，不重视择业方面知识的学习等。

# 第三节　就业政策

就业政策是指以国家或政府为主体，在特定经济社会条件下实行的以促进就业、加强就业管理为主要形式，旨在解决就业问题，从而满足社会经济发展以及劳动者个人需要的一种社会政策。目前我国政府实施的是"促进就业政策"，采取各种有效措施，大力促进就业。我国政府确立了"劳动者自主就业，市场调节就业，政府促进就业"的就业方针，坚持通过发展经济、调整经济结构、深化改革、协调发展城乡经济以及完善社会保障体系促进就业，并采取各种有效措施增加就业机会，扩大就业规模，努力把失业率控制在社会可承受的限度内。

## 一、提升职业院校毕业生的就业质量

2011年以来，我国将职业院校毕业生就业摆在就业工作的首位，连续出台做好职业院校毕业生就业服务工作的通知，2014年将下列五个方面的内容列入通知要求：落实和完善职业院校毕业生就业创业扶持政策；深入实施促进离校未就业的职业院校毕业生就业的计划；启动实施新一轮大学生创业引领计划；改进和加强公共就业人才服务；进一步加大职业院校毕业生就业工作宣传力度。同时，职业院校毕业生求职补贴、见习补助、培训补助、创业补助等扶持政策陆续出台。

## 二、鼓励创业促进就业

创业是就业之源，它不但具有就业倍增效应，而且能够最大限度地实现创业者的价值，从根本上提高就业质量。自2008年提出创业带动就业战略以来，我国鼓励创业的政策体系不断完善。创业平台方面，推进创业型城市创建、创业孵化示范基地创建；创业支持方面，实施小额担保贷款及贴息、减免税收、社会保险补贴、创业补助等；创业服务方面，提供创业培训、创业指导，如为回国创业留学人员、职业院校毕业生创业人员等提供专属创业服务政策。自2015年3月政府工作报告提出"大众创业，万众创新"以来，社会创新创业的热情持续高涨。

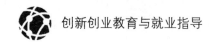

## 三、扶持企业吸纳和促进就业

中小微企业是吸纳就业的主体，促进中小微企业的发展有利于提升就业质量。目前我国的政策支持力度逐年加强，如：对吸纳和促进就业的中小微企业在税收方面提供了减免政策；企业招用就业困难人员等就业援助重点人群，符合条件的可享受养老、医疗、失业保险补贴；此外，在企业融资、企业升级等方面均有扶持政策。

## 四、政府促进就业的新举措

### （一）发展经济，调整结构，积极创造就业岗位

通过发展经济扩大就业。我国政府始终将促进就业作为国民经济和社会发展的战略任务，将控制失业率和增加就业岗位作为宏观调控的主要目标，纳入国民经济和社会发展计划，坚持实行扩大内需的方针，实施积极的财政政策和稳健的货币政策，保持国民经济的平稳较快发展，并积极调整经济结构，提高经济增长对就业的拉动能力。

### （二）发展第三产业，扩大就业容量

中国政府坚持把发展服务业作为扩大就业的主要方向，鼓励发展社区服务、餐饮、商贸流通、旅游等行业，更多地增加这些行业的就业岗位。我国政府制定了大力发展第三产业、拓宽传统服务业领域的就业渠道、努力发展旅游业等增加就业岗位的扶持政策，重点开发社区公益性就业岗位，帮助和促进下岗失业人员和其他就业困难群体再就业。

### （三）鼓励发展多种所有制经济，拓宽就业渠道

我国政府注重发挥劳动力资源优势，积极发展具有比较优势和市场需求的劳动密集型产业和企业，特别是就业容量大的私营、个体经济和中小企业，吸纳的劳动力占城镇就业增量的 80% 左右。我国还颁布了《中华人民共和国中小企业促进法》，进一步规范和推动了中小企业的发展。

### （四）发展灵活多样的就业形式，增加就业途径

我国政府鼓励劳动者通过灵活多样的方式实现就业，积极发展劳务派遣组织和就业基地，为灵活就业提供服务和帮助。政府制定了非全日制用工、临时就业人员医疗保险等政策，在劳动关系、工资支付、社会保险等方面建立制度，促进和保障灵活就业人员的合法权益。

### （五）完善公共就业服务体系，发展劳动力市场

建立市场导向的就业机制。我国政府积极培育和发展劳动力市场，逐步确立企业作为劳动力市场的用人主体、劳动者作为供给主体的地位。同时，协调推进社会保障制度、住房制度、户籍制度等各项改革，劳动力市场发育的客观环境明显改善，市场机制已经在劳动力资源配置中发挥基础性作用。

目前在大中城市和部分有条件的小城市，市、区两级普遍建立了以公共职业介绍机构为窗口的综合性服务场所，地级以上城市基本建立了街道社区劳动保障工作平台，完善了基层就业服务组织网络。大中城市建立了劳动力市场信息网，实现了市、区就业服务机构的信息计算机联网，部分城市已经将信息网络连接到街道、社区。多个城市按季向社会发

布劳动力市场职业供求分析信息，对促进劳动力资源合理配置和职业培训事业的发展起到了引导作用。政府还鼓励和规范民办职业介绍机构的发展。

## 五、鼓励大学生到基层就业

积极引导职业院校毕业生到基层就业，有利于青年人才的健康成长和改善基层人才的结构，有利于促进城乡和区域经济的协调发展，有利于建设社会主义和谐社会和巩固党的执政地位。

## 六、我国就业发展趋势及就业展望

### （一）就业发展趋势

就业形势的发展可以从以下三个方面进行分析。

1. 从所有制结构上看

国家采取鼓励、支持和引导个体及非公有制经济发展的政策，为我国非公有制经济的发展提供了很大的空间，私营、个体经济成为增加就业的一条重要途径。

2. 从产业结构上看

我国产业经济发展逐步向第三产业转移，第三产业有很大的发展潜力。第三产业从业人员逐年增加，成为扩大就业的一个主要出路。除了传统的商贸服务、餐饮业之外，保洁、绿化、保安、公共设施护卫等成了新兴的就业岗位。

3. 从企业结构上看

中小企业和民营企业成为我国新增就业的主体。中小型企业比重大，创造的最终产品和服务的价值大，提供的产品、技术、出口所占比例也不小，中小型企业为人民的日常生活提供了及时而快捷的服务，满足了人们的日常生活需要。职业院校毕业生不应好高骛远，应该充分发挥自己的优势，避开自己的不足，向中小型企业进军，抓住职业发展的历练机会。

### （二）毕业生就业政策展望

毕业生就业制度改革作为教育改革的重要组成部分，其目标就是探索并建立一种新的就业机制，使其适应社会主义市场经济体制的要求。发展市场经济需要政策方针的不断完善，同样要求与之配套的就业政策必须加强。具体包含以下五点。

1. 在就业方针政策的指导下，国家应加大毕业生就业宏观调控的力度

例如，鼓励建立提供人才需求信息、就业咨询指导或职业介绍等的社会中介组织，通过发布社会就业率及国家各行业和各地区的人才需求信息等，指导毕业生做出正确的职业选择，为毕业生就业提供服务。

2. 实行完全自主择业的就业方式

"就业市场化"是毕业生就业不可逆转的趋势。就业市场化，即指由原来单一的计划派遣方式，转向用人单位与毕业生之间"双向选择、供需见面"，使毕业生通过多种方式

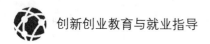

就业，如录用、聘用、自谋职业等。只有这样，才有利于人力资源配置的市场化。

### 3.培育、发展和健全人才劳务市场

只有建立健全人才劳务市场，运用市场机制来调节毕业生的供求关系，才能实现毕业生资源的优化配置。

### 4.进一步完善人事代理制度，建立健全社会保障机制

随着国家人事制度改革的不断深化，以及"自主择业—双向选择"的用人机制及全员劳动合同制、全员聘任制的实行，劳动者从"企业人"变为"社会人"，这就体现了完善人事代理制度的重要性。只有更好地完善人事代理制度，才能更有效地为这种转变提供社会保障服务。

### 5.加强就业政策和就业法规建设

现在，毕业生择业期延长、就业难的现象更加明显，就业市场化与保障国家重点建设单位需要之间的矛盾更加突出。上述问题的解决要求不断加强和完善国家的就业政策。同时，通过完善的毕业生就业法规，可明确就业工作的基本原则，明确劳动人事部门的职责、用人单位及毕业生的权利和义务，使就业程序真正做到公正、公开、公平。通过条例法规的形式更好地规范毕业生就业市场、就业行为，政府在促进就业方面有法可依。

思考：

①你所了解的大学生目前的就业途径有哪些？

②在你看来，目前大学生在就业过程中遇到最多的政策问题是什么？

# 第六章　采集与运用就业信息

## 第一节　信息的采集与筛选

信息是一种有效的资源，及时、有效地掌握信息在知识经济时代的今天显得更加重要。

在激烈的人才竞争中，谁能获得更多、更有效的就业信息，谁将赢得就业主动权。因此，毕业生应当及时、主动、多渠道地去收集社会人才需求信息，并根据自身实际情况认真地筛选整理，做出正确的处理。

### 一、毕业生采集就业信息的途径

#### （一）学校就业工作主管部门——就业指导中心

就业指导中心所提供的就业信息，供全校毕业生共享。其可信度和有效度都具有明显的优势，是毕业生获取就业信息的可靠渠道。除此之外，"校园招聘会"也是就业主管部门为毕业生提供的重要就业途径。"校园招聘会"包括大型校园招聘会和小型专场招聘会两种形式。其参加的招聘单位都是针对本校学生的层次及专业来招的，针对性相对较强，是毕业生了解信息、成功择业难得的机会。

#### （二）网络

计算机网络的功能是其他传播、沟通工具不可比拟的，随着人才市场信息化进程的加快和个人入网人数的增加，网上求职、网上招聘已成为一种时尚。虽然在网上找工作还存在很多的弊端，如虚假的信息等，但是供需双方可在网上及时交流、沟通，而且成本相对较低，非常方便，因此，通过网络进行求职被愈来愈多的毕业生所接受、采用。

#### （三）人才服务机构和招聘会

各级政府人事部门开办了专为各类流动人才和求职人员负责提供服务的专门机构。各地方、学校或用人单位都举办了规模不等、形式多样的"双选"活动或招聘会。这些人才服务机构及招聘会往往具有时间集中、信息量大、双方了解更直接的特点。

#### （四）家人、亲戚朋友

在找工作的过程中，家人、亲戚、朋友也是一种可以开发的资源，而且是一种相对可靠的重要资源。从自己的家长、兄弟姐妹以及亲戚、朋友、熟人那里获取的信息，往往比较准确、直接。而且，他们对用人单位和求职者双方的情况都比较了解。

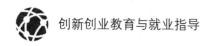

### （五）广播、电视、报刊上刊登的人才招聘启事

我国社会主义市场经济的完善和发展使人们越来越深刻地认识到传播媒介的重要作用，它不仅传播的速度快，而且涉及的面也很广，信息也很及时。各类单位和组织都可以通过新闻媒介，如广播、电视、报纸、杂志、电话等工具，介绍企业的现状、发展前景及人才需求。大多数的公司或多或少都会利用报刊上的分类广告刊登招聘信息。而目前也有很多报纸开辟了招聘专栏，定期发布招聘信息。

### （六）社会实践与毕业实习

毕业生通过毕业实习、到企业参观访问、参加社会服务等社会实践活动，不仅能使自己所学的知识直接应用于生产为社会服务，而且也开阔了视野。一方面，毕业生了解了用人单位；另一方面，用人单位也了解了毕业生。因此，毕业生在参加社会实践和毕业实习时，应该力求做到单位的选择与就业挂钩。同时注意在实习中兢兢业业，最大限度地发挥自己的才能。如果你的毕业设计为用人单位解决了技术难题，那么你同时也获得了择业成功的机遇。

## 二、就业信息的筛选

在已经收集到的大量的就业信息中，由于信息的来源和获得的方式不尽相同，内容必然是杂乱的，有相互矛盾的，也难免有虚假不实的。求职者可结合自己的实际情况，对获得的信息进行去粗取精、去伪存真的分析、筛选、整理、鉴别，取其精华，使信息具有准确性、全面性和有效性，更好地为自己择业服务。在进行就业信息的筛选和处理的方法上可把握以下几点。

### （一）有针对性地进行比较选择

把那些得来或几经转达而未经证实的信息与有根有据的信息区别开来。前者有待于进一步证实；后者则可以作为自己择业的参考依据。当然，在对信息进行比较的过程中，要根据自己的性格、兴趣、特长来分析，看看自己与哪些信息更吻合，哪个单位对自己的发展更有利等。

### （二）对有关信息按不同内容进行分类整理

就业信息不仅仅是用人单位的需求信息，它涉及的面很广，比如，有的是关于就业方针、政策方面的信息，有的是与自己所学专业有关的信息，有的是关于对人员的素质要求方面的信息等。

### （三）对所获得的信息进行分析

分析就业信息有三层含义：一是要识别真假，做可信程度的分析。一般来说，学校毕业生就业机构提供的信息可信度比较高，因为用人单位向学校提供的信息都有一定的根据。其他渠道得到的信息，因为受时间性或广泛性的影响，还需要进一步核实，才能判断其可信程度。二是要进行效度分析，对信息的可用性进行鉴别，要看这条信息能否为自己所用，如，自己所得到的信息是否是政策允许范围之内的。三是信息的内涵分析。信息的内涵包括用人单位的性质、要求以及限定条件等。

### （四）及时反馈

当你收集到一条或更多的信息后，一定要马上分析处理并及时向信息发出者反馈信息。

只有及早准备，尽快出击，才能在人才市场的激烈竞争中争取主动权。就业信息对毕业生来说十分宝贵，当获得准确有效的信息后若能及时分析，则有助于在择业中做出正确选择。

## 三、选择就业信息的导向

### （一）兴趣导向

你适合这个行业，能做好，又非常喜欢做，这当然是最佳选择。你可以依据自己的职业兴趣选择行业。兴趣是影响人择业最主观的因素，也是判别一个行业是否适合自己的关键因素。这里所指的兴趣特指职业兴趣，而并非你的生活、娱乐兴趣（可以用爱好来概括），不是说你喜欢听歌、打篮球的兴趣，而是如你是否喜欢与人或物打交道的职业兴趣。职业兴趣是可以通过职业测评来认知的。

### （二）个人价值观导向

根据个人对工作与生活的偏好来选择行业，如注重生活的人会倾向于选择服务业。

### （三）行业发展前景

热门、朝阳产业的发展前景好，也方便切入。

### （四）政策导向

政策会影响一个行业的兴衰，因此了解政府提倡、优先发展什么产业、行业是很有必要的，很多行业的未来发展趋势和政府导向是密切相关的。每年的政府工作报告、每个部委的文件、行业协会所倡导的等都是把握行业发展趋势的途径。尤其要注意政府所支持、倡导的民生、大众产业，在大势所趋的东风下是会有政策支持的。

### （五）根据壁垒选行业

选择行业前，要先对目前存在的行业做逐个分析。好的行业和企业一般构筑有相对高的竞争门槛，保持相对垄断的利润。

商业机会从来都是不公平的，处于优势的企业往往构筑有相对的壁垒。

在目前的竞争环境中，存在四种行业壁垒：制度的壁垒，比如移动运营商，想参与这个行业，需要获取牌照，这就是制度壁垒；资金的壁垒，比如银行、房地产企业，没有庞大的资金是无法参与这个游戏的；技术的壁垒，拥有大量专利技术，这样别的竞争者无从下手；还有一种是稀缺资源的壁垒，比如拥有旅游景点的经营权，该景点具有独特性、唯一性、不可复制性，这也是壁垒。只有将自己保护在一定的壁垒之内，企业才能创造良好的利润。

目前中国的许多行业，竞争异常惨烈，行业内的企业无一例外都采用价格白刃战，比如家电制造业，由于这些企业都专注于制造和销售渠道，大部分没有自己的核心技术，大多做的是拧螺丝、搬箱子的组装工作。像这样的行业，大部分企业都挣扎在竞争的红海之中，生存压力巨大。试想，在一个无法创造高额利润的行业中，如何去获取高额的薪资收入？

相反，在另外一些行业，由于企业间的良性竞争和各企业的相对垄断，可以给员工提供丰厚的待遇。比如电信运营行业，身处制度壁垒之中的各企业都能创造巨大的利润，自然能给员工提供非常好的福利。

大学生在择业前，可以先衡量一下这个行业是否处于良性的竞争、未来20年这个行业是否有发展潜力、行业中的企业是否都有相对的壁垒。

# 第二节　小心招聘陷阱

在一年一度的大学生求职的高峰期，由于不少大学生都无相关求职经验，往往容易陷入一些不怀好意的单位或者个人设置的陷阱里。

## 一、招聘单位的六大陷阱

找工作是件苦差事，往往一不小心就会误入陷阱。对这种缺乏社会责任感、肆意"欺骗"求职者的单位，我们一定要学会分辨。

### （一）长年累月在人才市场设摊摆点

喜欢干这事的是大企业，小企业也没钱去干这种事。其目的是提高企业在人才眼中的品牌地位，它作为一种人力资源市场信息数据的收集手段，为企业进行人力资源规划、薪酬调整提供依据。

### （二）不断在各种媒体刊登招聘广告

广告陷阱的特点是大做广告宣传，骗取大量职介费后，不负责任，携款潜逃。这种中介机构根本没有中介许可证，它们看到办人才市场和劳动力市场可以收取一定的摊位费，便大做广告，以此敛财；更有甚者，一些不法分子租一间屋，找两个工作人员，无证经营中介服务，有的与企业勾结、合伙蒙骗求职者，遇有检查时便人去屋空。这类公司就是所谓的"皮包公司"，他们到处行骗，却又无从查找，其手段原始，但隐蔽性却很强。求职者不要到无营业执照和职业许可证的职介所去，应到大型人才市场求职，这样合法利益才能够有保障。

### （三）善于将岗位头衔"美容"的企业

这些企业抓住一些大学毕业生的虚荣心理，把保险经纪人称作"财务规划师"或"理财顾问"，把销售英语软件的称为"语言顾问"，最有杀伤力的也是最隐蔽欺骗的是"储备干部"头衔，吸引了无数大学生。之所以这样做，主要是因为岗位工作内容或岗位薪酬缺乏吸引力，用"美名"可以诱骗到一些单纯的廉价劳动力。

### （四）除了"董事长"和"总经理"，一个公司内的其他岗位几乎都"奉献"出来用来招聘的企业

这种企业其实是为了壮大声势，本来只有几个岗位空缺，但为了显示自己"财大腰

粗"，就把所能想到的岗位给添了上去。对于这种缺乏责任感和诚信的公司，我们还是不去理睬它为好。

**（五）岗位薪酬不说月薪说年薪，或者"月／年薪"前边还加有"……者"定语的招聘企业**

"优秀者"和"努力者"是常用的前缀定语，岗位多数是销售岗位，如证券公司或黄页公司采用电话营销的销售岗位。

**（六）招聘现场，只要是投了简历就给面试通知单的企业**

天下没有免费的午餐。原因有以下两种可能：①公司或岗位相关情况实在是糟糕；②很不负责任地把大家聚到一起，从一大堆里挑出一个或两个留用，显示一下企业用人是"百里挑一"。不必为这样的公司去浪费自己的时间。

## 二、求职应聘的三大陷阱

### （一）试用陷阱

有些企业在招聘时，规定了试用期，一般是三个月或半年时间，并且需要求职者交纳一定数额的培训费。但据调查发现，一些单位在试用期即将结束时，便以各种理由和借口，炒工作者的"鱿鱼"。这样一来，工作者交了培训费不说，还给老板白干了几个月。因为在试用期内，一些老板只给很低的报酬，理由是他提供了让你学习的机会，没有要你赔他的损失已是万幸了。所以，大学毕业生在求职时，一是要问清楚试用期有无报酬、工资是多少，并签订劳动合同；二是如被无故"炒掉"后，一定要找劳动部门，必要时运用法律武器，讨回自己应得的利益。

### （二）抵押陷阱

虽然国家劳动部门早就明文规定：任何企业在招聘员工时，不得以任何理由、任何形式收取求职者的押金，或者以身份证、毕业证等作为抵押。但是，目前仍有相当多的企业在招聘员工时收取押金。有的毕业生不知道企业收取押金、扣押身份证是非法行为，有的虽然知道劳动部门的这一规定，但不交押金或不交出身份证做抵押，企业就不招聘，无奈之下只好交钱交证件。不少企业在收取押金或身份证之后，便为所欲为。如延长劳动时间，增加劳动强度，不改善生活条件，令求职者干不下去，只好走人。有位求职者的身份证复印件被用来在某个地方注册了一家公司，这位求职者在不知不觉中成了公司的总经理；当然，如果出了事，很多责任得由他承担。求职者对自己的个人隐私权要爱惜、要保护。

### （三）高薪陷阱

人们经常在街头电线杆、电话亭等地方看到乱贴的招聘广告，上写高薪招聘男女公关人员，月薪几千元甚至上万元，令一些涉世未深的人掉入陷阱。所谓的"男女公关"实际是从事性服务，所谓"高薪"实则是从事性服务时客人所给的小费。一入陷阱，当你明白真相，稍有不从或反抗，其便以暴力威胁。因此，面对所谓的"高薪招聘"，广大求职者一定要谨慎。万一不幸落入了陷阱，应及时想办法报警。

## 三、求职者应如何避免上当受骗

### （一）培训费、押金不能交

某职业院校应届毕业生王某通过某中介机构应聘一企业的总经理助理职位。他提交了个人简历后不久，对方回复："你被录取了。上岗前，我公司要进行相关业务培训，请先交纳 100 元培训费。"求职心切的王某毫不犹豫地交纳了 100 元培训费。但一个月过去了，对方还没回信，此前联系时留下的电话号码也变成了空号。王某这才恍然大悟：上当了。根据政府有关人事部门规定：用人单位招聘时，不得收取求职者任何形式的报名费、培训费、押金等。若招聘单位巧立名目，收取求职者各种形式的费用，毕业生应提高警惕，坚决拒绝交纳。

### （二）非法传销高薪诱惑

据介绍，非法传销组织利用大学生就业压力大和社会经验不足的特点，采取高额回报等方式诱骗大学生上当的活动目前比较猖獗。学生大多以销售人员的名义上岗工作，然后公司让学生交纳一定的提货款，再让学生去哄骗他人，有的同学在高回扣的诱惑下，甚至去欺骗自己的同学、朋友。上当之后又往往骑虎难下，最终只得自己白搭上一笔钱。

需要提醒的是，传销是国家明令禁止的非法行为，千万不要偏信能使你一夜暴富的话，以免误入歧途。毕业生们切记：天上不会凭空掉馅饼，任何人的成功都是经过千辛万苦、勤奋努力得来的。

### （三）手机单向联系不可信

某职业院校毕业生小赵看到某企业张贴在校外的招聘广告，面对高薪诱惑，她打通了广告上留下的唯一可供联系的手机号码。电话里，对方问了她一些基本情况后，当即就约她晚上 9 时在某宾馆面试。回家跟家人商量后的她，觉得这家公司的招聘手段不可信，于是没有去面试。有关人力资源专家提醒，应聘时要多方面、多渠道详细了解公司情况及背景，看看公司是否正规、合法，是否拥有合法的营业执照和经营许可证等。接到面试通知时，要问清对方的办公地址和固定联系电话。若接到安排在晚上的面试通知，要提高警惕，特别是女生。

### （四）网上求职要多留个心眼

目前有一些"黑网"打着招聘的旗帜来蒙骗求职者，获得收益后就"人间蒸发"了。因此，对于青睐网上招聘会的大学毕业生们而言，识别各大网上招聘企业信息的真伪尤其重要。与传统诈骗相比，网上求职诈骗手法更加多样，但诈骗数额一般比较小，加上诈骗者离受骗者距离相对较远，所以很难对这类诈骗立案。所以，获取招聘信息的渠道一定要正确，要看其是不是在正规的媒体或是网站发布的；不要依靠短信、QQ、E-mail 寻求不明信息；对网上的信息要有理性的认识和分析。

### （五）警惕中介连环诈骗

毕业生求职时，特别要当心黑中介的连环诈骗。这类诈骗，多是中介和招聘单位相互勾结，一同骗取学生的钱财。中介通过不停地向学生介绍职位来收取介绍费；招聘单位不停地收取面试学生的报名费、面试费甚至体检费等，但最终结果，对所有应聘学生都是一个样：杳无音讯。针对这种恶劣的诈骗手段，建议受骗求职者应该向劳动部门和工商部门投诉，维护自己权益的同时，也可避免他人上当受骗。

## 四、毕业生应小心劳动合同隐性陷阱

从劳动法律的角度看，签订劳动合同是毕业生就业的第一关，也是关键的一步。由于种种原因，劳动合同有不少"陷阱"。

毕业生到用人单位上班后，用人单位应当与毕业生签订正式的劳动合同；在双方签订了劳动合同后，双方的劳动关系应当以劳动合同为准。

如果不签订劳动合同，根据有关规定，可以纳入"应当签订而没有签订劳动合同"的事实劳动关系。而事实劳动关系往往处于不确定、不稳固的状况。比如，根据《中华人民共和国劳动合同法实施条例》（以下简称"《条例》"），任何一方都可以不要任何理由解除劳动关系。这对于刚刚踏上社会的毕业生来说是非常不安全的。

如果不签订劳动合同，主动权更多是在用人单位手里。劳动合同对工作期限、工作岗位和工作内容、劳动保护和工作条件、工资报酬和福利待遇、合同终止的条件、违反合同的责任等都有明确的规定。如果没有劳动合同，那么毕业生就没了维护自身合法权益的依据。

不签订劳动合同，就意味着你没有办理劳动管理部门的录用手续，实际是一种变相的"黑工"——既没有劳动的记载，也不能办理社会保险、住房公积金账号，单位不会，也不能为你交社会保险、住房公积金。

因此，毕业生上班后第一件大事，就是先签订劳动合同，通过劳动合同来规范双方的权利义务，保护自己的合法权益。

签订劳动合同应注意以下事项：

劳动合同是劳动者与用人单位确立劳动关系后，明确各自权利和义务的协议，也是劳动争议发生后处理争议的重要依据。因此，在签订合同前，劳动者至少应具备以下三方面的常识：

①提前准备。在劳动合同订立前 7 天，可以要求用人单位提供合同文本，对合同文本内容进行充分的了解，特别对于双方协商约定的条款，尤应引起高度重视。

②把握内容。从全面保护个人利益出发，应尽量了解《中华人民共和国劳动法》（以下简称《劳动法》）的内容，这一点虽然对大众来说有很大的难度，但从合同本身出发，应清楚劳动合同的条款要包括两部分：一是法律规定的条款，包括劳动合同期限、工作内容、劳动保护条件、劳动报酬、劳动纪律、劳动合同终止的条件、违反劳动合同应负的责任；二是双方认为有必要明确约定的条款，应明确写明。

③重点了解。在把握合同条款的基础上，还应该清楚了解事关自身利益的两部分内容：一是在什么情况下解除劳动合同，劳动者可以获得经济补偿以及补偿标准。关于这一点，《劳动法》列出了 7 项内容，可请劳动部门查询。二是要注意合同生效的必要条件和附加

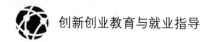

条件（如签证、登记）；合同至少一式两份，双方各执一份，妥善保管；双方在签订时如有纠纷，应通过合法方式解决。

思考：

①你认为通过哪些渠道可以收集用人单位的需求信息？请一一列举并分析其优劣。

②在就业市场中常见的招聘陷阱有哪些？你打算如何规避？

# 第七章　准备求职材料

## 第一节　撰写求职信

求职信是求职者对自身的一个综合评价和介绍。一般情况下只需要用到中文的求职信，但是，如果到外资企业求职，一份英文求职信是必不可少的。现在介绍中、英文求职信的写作方法与要求。

### 一、求职信的概念

求职信也称应征函。一般的公司只会要求应聘者寄上简历和一些必要的材料证明。求职信是应聘者主动表示自己对这份工作热衷的一种表现。也就是说，简历和材料证明是被动的，是一种求职过程中所必备的文件。而求职信则是主动的，是求职过程中附带的，但具有争取面试机会的一种关键的半正式沟通方式。写求职信的目的在于争取一份工作，而且写作针对的对象是一个公司或公司里某个职位，因此求职信是一种正式文件。应聘者也可以不写求职信。如果不写，没有人会认为应聘文件不完整。如果写了，是表示自己对这份工作的认真态度，是和受信者之间的额外沟通。融合这两层意义，求职信有半正式的沟通的性质。

### 二、求职信的重要性

找工作的过程中，第一关往往都是投递简历，除去现在有的公司采用网上系统测试的方法，大多数企业采取的仍然是传统的查看简历的方式。如何才能让自己在茫茫人海之中被 HR 的慧眼相中，在万千简历中脱颖而出？一封好的求职信可以帮你迈出胜利的第一步！很多求职者认为求职信是没有必要的，只要自己的学历和经验符合雇主的要求，面试的机会唾手可得，但是通过某 HR 机构对 100 多家公司人力资源部经理的采访调查可发现，大约 76% 被调查的人事经理表示非常重视求职信，18% 的人事经理表示将求职信作为重要参考，只有 6% 的人事经理是根本不看求职信的。在每年的招聘期当中，招聘人员基本上都要面对成百上千的求职者，求职信中展现的内容已经成为他们选择看或不看该应聘者简历的一个依据。

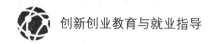

### 三、求职信的格式

求职信由抬头、正文、结尾、署名四部分组成。正文的开头应开门见山，直截了当地说明求职意图，使信的主旨明确、醒目，引起对方注意。如"我是××大学即将毕业的学生，想在贵公司找一份工作"，一目了然，要言不烦。切忌在开头客套问候，给对方留下莫名其妙之感。另外，开头表达应力求简洁，吸引阅读者。切忌离题万里，让阅读者产生厌烦情绪。正文部分是求职信的重点内容。一般写法是先讲自己求职的理由、目标。说明自己愿意来所选单位效力的理由，理由要合乎情理，合乎实际，做到充足、可信，目标要具体明确。然后要重点介绍自己应聘、应征或寻求工作的条件。注意要突出自己的重要成绩、特长、优势，要有的放矢，阐明你对该单位的特殊价值，重申简历中已经提到的那些主要成就。在信中，你可以更详细地介绍某一专长和成绩；对于大学毕业生来讲，也可以多提几个你的具体有代表性的工作经历，但要具有吸引力和新鲜感。总之，根据自己的求职目标，主体部分只要做到告知情况、突出重点、言简意赅、语气自然就可以了。

求职信的结尾，主要是进一步强调求职的愿望。就愿望而言，希望对方能给予考虑，给予明确答复；或者请求同意前往面谈；或希望试用，以供单位进一步考察；等等。无论如何表述，都要注意用语恰当、得体，掌握分寸，以免造成不良印象，或授人以柄，带来麻烦。

### 四、求职信的内容要求

一份合格的求职信，能够给用人单位留下深刻印象，而且求职者通过求职信树立了良好的形象。相反，一份很差的求职信，也会给用人单位留下不好的印象。因此，求职信写得好坏，是用人单位决定是否录用你的重要依据，切不可草率了事，一定力求能在纸面上产生一个十分有效的"形象"。一般来讲，求职信应包括以下几项主要内容。

#### （一）求职目标

写求职信的最终目的是要实现求职者所追求的目标，因此，求职目标必须明确，不能含糊其辞、模棱两可。什么是求职目标？所谓求职目标就是要讲明求职者要到什么单位任职，任什么职。要写好这一点，最好在明确目标之前，对求职的单位、想干的工作、想任的职务有比较深入的了解。只有这样，才能在求职信中有的放矢，提高"命中率"。如果是初次谋职，不妨先预定出自己的理想目标和满意目标，乃至最低目标，再根据具体情况及实现目标的可能性，对目标做灵活调整。这样，就可以找到比较适合的工作或职位。

#### （二）求职理由

在明确求职目标的前提下，求职信中必须充分地阐明自己之所以选中这一目标的理由。理由是否真实、充足，是决定你能否被录用的关键，所以一定要既实事求是，又机智灵活。所谓实事求是，就是要从自己的专业、特长、未来发展出发，同时也从用人单位的需求入手来说明理由。所谓机智灵活，就是避免讲一些可能引起对方反感的话语，适当迎合对方的优越、自豪、自尊的情绪，争取收到"正效应"。假如你要到颇有名望的公司求职，求职信中则应对该公司"唯才是举""知人善任""人尽其才"的管理作风表示钦佩，绝不能大谈什么薪金、福利之类的"理由"。相反，在一个比较困难的公司求职，则应表示对该公司的关切，有一试身手的决心和方略。

### （三）求职条件

求职条件是求职的关键。热切的求职愿望、真挚的求职动机，都不能取代必需的求职条件。一旦条件不能满足用人单位的要求，求职就只能成为泡影了。因此，在求职信中，必须特别重视这一内容的写作。要针对自己求职的目标，扬长避短，具体陈述自己的主要成绩、专业优势、技术特长、年龄优势，还可以讲明自己的有关爱好，也不妨提及自己已取得的成绩及所受的奖励、对某些问题和难题的看法、解决问题的办法或方案等。对于应届大学毕业生来讲，也可写与求职有关的其他有利条件，如参加过哪些有成就的社会工作等。总之，要力求"立体展示"，突出优势，引起用人单位的注意，促进求职愿望的实现。当然，应该注意在陈述自己的求职条件时要实事求是，既不夸夸其谈、漫无边际，也不卑怯谦恭、唯唯诺诺。

## 五、求职信的撰写技巧

成功的求职信应该表明自己乐意同将来的同事合作，并愿意为事业而奉献自己的聪明才智。要写好一封令人满意的求职信，必须注意以下几点。

### （一）字迹工整，文字通顺

古人云："字如其人，文如其人。"如果你的文章流利，字又写得漂亮，这首先从门面上就压倒其他竞争对手，并且能够把你的工作态度、精神状况、性格特征介绍给对方，加上你的求职条件，就会使你在众多的求职者中取胜。现在的求职资料都是用打印机打出来的，为了达到你的求职目的，就应该使你的求职信干净整洁，让人一目了然，赏心悦目。

### （二）简明扼要有条理

用简练的语言把你的求职想法以及个人特点表达出来，切忌堆砌辞藻。因为求职信的读者大都是单位负责人，他们不会把很多时间浪费在阅读冗长的文章上。求职信不是你显示文学才华的地方，最好用平实、稳重的语气来写。有些大学毕业生，总想卖弄文采，想办法堆砌华丽时髦的辞藻，结果弄巧成拙，使人反感。因此，写求职信要开门见山、简明扼要，切忌套话连篇、浮词满纸。求职信不在于长，而在于精，精在内容集中、明确，语言凝练明快，篇幅短小精悍上。

### （三）要有自信

先想好自我推销的计划再下笔。不论你是从报纸上看到的招聘广告，还是从亲友那里得来的信息，都要说明自己的立场，以便能让收信者印象深刻。写开场白之前一定要深思熟虑，如果气势不足，一开始自然就没有吸引力。

### （四）富有个性，不落俗套

书写一封求职信，正如精心策划一则广告，应不拘泥于通俗写法，立意新颖，以独特的语言及多元化的思考方式，给对方留下深刻的印象，引人注意。一封求职信，无论内容多么完备，如果吸引不了对方的注意，则一切枉然；对方如果对你的陈述不感兴趣，则前功尽弃。

### （五）求职目标实事求是

在大学生多如牛毛的今天，你的求职目标太高，势必无人问津。最明智的选择是顺应市场，实事求是。求职的竞争从本质上讲，是人的才能、素质的竞争。参与竞争前，你应先对自己有一个明确的认识，确定一下自己是哪个档次上的，然后再确定向哪个水平的职位挑战。只有这样，你才能在符合市场供求规律和竞争法则的前提下，摆正自己的位置，确定合理的目标，也才能使你的求职信有的放矢，提高成功率。

### （六）自我推销与谦虚适度

写求职信就是推销自己，就要强调你自己的成就，强调你对所选单位的价值，这就少不了自我介绍一番，但是一定要讲究技巧。比如，你信中要表达"自己有能力开创企业的新局面"，这让人听起来就很刺耳。可以说："我可以用所学的知识，建立一套新的管理计划，以提高企业的生产率""我可以为企业搞一些形象设计"等。对于中国人来讲，谦虚是一种美德。一个谦虚的人，可以使对方产生好感。但对于求职者来说，过分的谦虚，同样会使人觉得你什么也不行。谦虚不是自我否定，是实事求是、恰如其分地表现自己。所以，写求职信应遵循"适度推销"的原则。但要视具体情况而定。由于文化上的差异，对外资企业可多一些自信，对国内企业应多一些谦虚。

### （七）少用简写词语，慎重使用"我"的字句

平时你与人交谈时，可能习惯简称自己的学校或所学的学科专业，但在求职信上最好不要用简称，因为用人单位的领导不一定都了解你的学校或专业的简写，这往往容易使他们因不明白而产生误解。如"科大"，究竟是指中国科技大学还是北京科技大学？专业的简称有时就更让人不理解。另外，多处简写有时还会使人觉得你做事不能脱离学生本色，或认为你态度不够慎重，从而影响录用。此外，在求职信中需要用"我觉得""我看""我想""我认为"等词语来说明自己的观点时，要慎重，否则会给用人单位留下你自高自大、思想不成熟的印象。

### （八）突出重点

求职信要突出那些能引起对方兴趣、有助于获得工作的内容，主要包括专业知识、工作经验、自身特长和个性特点等。有一点要特别注意，即在介绍专业知识和学历时，切忌过分强调自己的学习成绩。许多人，特别是刚出校园的学生容易产生一种错觉，以为社会上也和学校一样，重视学习成绩，认为只要学习成绩优秀就会谋到一份好工作，甚至为自己的全优成绩而沾沾自喜。这是不成熟的表现，很容易导致求职失败。用人单位重视的是经验和实际能力，所以应简单写知识和学历，而重点突出工作经验和能力。

### （九）建立联系，争取面试，莫提薪水

在求职信中，不要提薪水的具体数目。求职信所要达到的目的是建立联系，争取面谈的机会。此时谈钱为时尚早，以后会有更适当的场合，更何况薪水的数目并不是你选择职业的主要因素。如果同时有两个职位，其中低薪的那个职位更有利于今后发展，那么应当

毫不犹豫地选择它。在求职信的最后，要特别注意提醒聘人单位留意你附加的简历，并请求给你回音，以争取能够建立下一步的联系，获得面试的机会。

## （十）以情动人，以诚感人

写求职信也要有感情色彩，语言有情，会更有助于交流思想，传递信息，感动对方。那么写求职信要怎样做到以"情"动人呢？关键在于摸透对方的心理，然后根据你与对方的关系采取相应的对策。如果求职单位在你的家乡，你可以充分表达为建设家乡而贡献自己聪明才智的志向；如果求职单位在贫困地区，你就要充分表达为改变贫困地区面貌而奋斗的决心；如果是教学单位，你就要充分表达献身教育事业的理想。总之，你要设法引起对方的共鸣，或者得到对方的赞许。这样对方会自动地伸出友谊之手，给你以热情的帮助。

写求职信在注重以情动人的同时，还要以诚感人，以诚取信。只有诚于中才能形于外。只有诚才能取信于人，令人喜欢。人们常说"真诚能感动上帝"，就是这个道理。

## （十一）求职信寄（发）出前的检查

求职信关系自己的事业发展，不仅要精心撰写、反复修改，而且在投寄出或托人代交之前要反复检查。检查的内容大体有下列各项：

①信封是否标准，地址与落款是否清楚。

②收信人的姓名、职位或称呼是否正确。

③是否写清楚了自己所要说明的内容。

④是否提供了证明自己符合有关条件与资格的数据资料或回答。

⑤是否了解征聘广告所提的要求。

⑥信中语气是否显示出自己的自信而并非吹嘘。

⑦是否避免了使用专业术语。

⑧是否提及工资方面的要求。

⑨是否写上了自己的兴趣爱好。

⑩是否写明了可以见面的时间及联系方法。

⑪是否说明了附有简历。

⑫是否在求职信结尾部分暗示或明确表明了自己的希望。

⑬信的内容是否简短而有说服力。

⑭是否署名并告诉了对方反馈信息的地址和电话。

⑮是否留有副本以供面试时参考。

⑯是否把求职信给朋友或有经验的人看过并征求意见。

⑰是否记下了发信的日期，以便及时询问。

附：中文求职信范例

尊敬的先生／小姐：

您好！请恕打扰。我是一名刚刚从××学院金融系毕业的大学生。我很荣幸有机会向您呈上我的个人资料。在投身社会之际，为了找到符合自己专业和兴趣的工作，更好地发挥自己的才能，实现自己的人生价值，谨向领导您做自我推荐。作为一名会计学专业的大学生，我热爱我的专业并为其投入了巨大的热情和精力。在三年的学习生活中，我所学习的内容包括了会计学的基础知识及运用等许多方面，通过对这些知识的学习，我对这一领域的相关知识有了一定程度的理解和掌握。此专业是一种工具，而利用此工具的能力是最重要的，我在与课程同步进行的各种相关实践和实习中，具有了一定的实际操作能力和技术。在学校的其他工作中，我锻炼了自己的处世能力，学到了不少管理知识，吸收了一定的管理经验。我知道计算机是未来必备的工具，在学好本专业的前提下，我对计算机产生了巨大的兴趣并阅读了大量有关书籍，金蝶财务、用友财务等系统应用软件，以及 FoxPro、VB 语言等程序语言都能运用自如。我正处于人生中精力充沛的时期，我渴望在更广阔的天地里展露自己的才能，我不满足于现有的知识水平，期望在实践中得到锻炼和提高，因此我希望能够加入你们的单位。我会踏踏实实地做好属于自己的一份工作，竭尽全力地在工作中取得好的成绩。我相信，经过自己的勤奋和努力，我一定会做出应有的贡献。

感谢您在百忙之中所给予我的关注，愿贵单位事业蒸蒸日上，屡创佳绩，祝您的事业百尺竿头，更进一步！希望领导您能够对我予以考虑，我热切期盼您的回音，谢谢！

此致，

敬礼！

自荐人：×××

××××年××月××日

## 第二节　制作个人简历

个人简历是能让招聘者最简单明了地了解求职者概况的材料。调查表明，在大学生求职较为集中的时段，规模较大的企业一般每天至少收到上百份简历。80% 的企业 HR 在每份简历上所花费的时间只有 8 ~ 10 秒。要想在这 8 ~ 10 秒内紧紧抓住 HR 的眼球，让对方产生兴趣，系统地提高简历的写作水平很有必要，否则，连面试的机会都没有。怎样的简历才能吸引招聘者的眼球呢？下面分别介绍中、英文简历的写作要诀。

### 一、中文简历写作

简历主要是针对想应聘的工作，将相关经验、业绩、能力、性格简要地列举出来，以达到推荐自己的目的。虽然不一定所有的毕业生都必须撰写简历，但受毕业生推荐表栏目及空间限制，多数毕业生更希望有一份个性突出、设计精美、能给用人单位留下深刻印象的简历。一份能吸引读者注意力的简历能创造面试的机会及提高录取的概率，所以必须使它兼备简洁、有序、有个性且不失重点等特色，千万不可烦琐冗杂。简历并没有固定的格式，按照表现形式来分，可分为表格式、文章记述式等。对于社会经历较少的大学毕业生来说，求职简历内容一般包括个人基本资料、求职意向、学历、工作经验、奖励情况、外语与计算机应用能力、兴趣爱好等。其主要内容和要求大体如下。

### （一）个人信息

这部分主要的作用是方便 HR 清楚、简单地知道这份简历是属于谁的；如果 HR 对这位应聘者感兴趣，而且想联系他（她）的话，能够容易地拨通他（她）的电话。这就是简历中的"个人信息"的作用。个人信息的写作应该简单、直观、清晰，没有多余信息。个人信息包括姓名、通信地址、邮政编码、联系电话（手机和固定电话）、E-mail 等。

## （二）求职意向

求职意向的书写要尽可能具体，一定要针对你应聘的公司和职位。要充分表明自己在该方面的优势和专长，尽可能把选择放到一个具体的工作部门和职位。或者浏览中华英才网、智联招聘、猎聘网等国内著名的求职门户网站。

## （三）教育背景

学生求职者应该将教育背景置于最醒目的地方。有工作经验的求职者则应选择把"工作经历"放在"教育背景"之前。你应该注明自己的专业以及方向。如果是有研究课题的话，则可以把自己的研究课题也写到简历里面。另外，利用你的学习成绩，让 HR 更加了解你有多优秀。

## （四）工作经历

简历中的"工作经历"应该包括：工作经历、社会活动、课外活动、实习经历以及兼职经历等。这些构成了每个应聘者自己的"能力库"。HR 都建议应聘者应首先明确知道目标公司、目标职位需要什么能力，然后从自己的库中挑选匹配的经历，展示出来。

## （五）奖励情况

这部分要注意强调奖励的级别，每个学生在大学都或多或少得到过奖励，而且奖项名目繁多、标准不一，仅仅说出奖励的名目是没有意义的。必须描述这个奖励的实质，最好用相对的数字来说明获得该奖励的难度，要注意奖励的含金量，让 HR 明白得到这样的荣誉是很不容易的。

## （六）外语和计算机技能

对于外语及计算机能力，应一一罗列出来。如：通过英语应用能力 A 级，大学英语四、六级，计算机应用能力一、二级等。也可以说明自己的外语听、说、读、写等能力水平和对计算机某些软硬件的具体应用能力。

## （七）其他个人信息

其他个人信息可包括个人特长、兴趣爱好与性格。对于毕业生，特长是指拥有的技能，如果社会工作经历较少，为能表现自己的个性，可加写兴趣爱好，以展示自己的品德、修养或社交能力及与人合作的精神，但注意最好写一些自己有所研究并具有个性的爱好。如没有兴趣爱好也可不写，可直接描述你的性格特点。性格特点与工作性质关系密切，所以用词要贴切。

## （八）附件

由于受篇幅限制，求职简历不可能把所有材料都写进去，但为了证明你的能力，可以另外准备一些材料，作为附加材料随求职信一起传递给对方。附加材料的内容大体可以包括以下几个方面：

①证书复印件。如毕业证书、学位证书、专业证书（如外语过级证书、会计证书、计算机证书等）、结业证书、职称证书。

②文章剪辑。凡本人的著作、论文、译文、报刊发表的短文，均应复印成集，并注明出版社、报刊的名称及题名、刊出时间。

# 二、英文简历写作

## （一）写作要领

### 1. 语言精练，简单明了

在招聘者看来，简历是用来扫描式阅读的，所以内容千万不要多，语言要精练，让招聘者一目了然。

### 2. 简历中的任何字句，都有可能成为面试中的话题

一定要做到有把握的才写，没有把握的不要写，要实事求是，千万不要夸张。外资公司是最忌讳撒谎的，一旦让他觉得你在撒谎，你就丧失了进入这个公司的资格。比如说，你在简历中写了你会讲日语，就要小心碰上懂日文的人。

## （二）格式结构

个人简历一般包括页眉部分、教育背景、工作经历和个人资料四部分。

### 1. 页眉部分（在简历的左上角处的那部分）

（1）名字

单字名有 6 种写法。

例：① YangLI（李阳）；② YANGLI；③ YangLi；④ Li, Yang；⑤ LiYang；⑥ LIYang。

（2）地址

地区后面要写中国。一个完整的地址、全球畅通的通信地址应该是加国名的。邮编的标准写法是放在省市名与国名之间，可以放在 China 之前，因为是中国境内的邮编。

（3）电话

电话号码的写法很讲究，中国人名片中的电话经常写得不清楚、不专业，有几点提醒大家注意。

①前面一定加地区号。

②8 个号码之间加一个"–"，如 6505-2266。这样，认读拨打起来比较容易，否则，第一次打可能会看错位。

③区号后的括号和号码间加空格。这是英文写作的规定格式，很多人忽略了，甚至不知道。

④写手机号或者向别人通报手机号时，也有一定的规范，要用"3-4-4 原则"，如"138-0135-1234"。

### 2. 教育背景

①时间要倒序。最近的学历要放在最前面。

②学校名要大写并加粗。这样便于招聘者迅速识别你的学历。

③地名右对齐，全部大写并加粗。地名后一定要加中国。

④学历。如果正在学习，用 Candidate for 开头比较严谨；如果已经毕业，可以把学历名称放在最前面。

⑤学生简历中写上相关课程。

3. 个人资料（个性特征）

（1）名称的写法

无论是教育背景、工作经历，还是个人资料，既可以首字母大写，也可以全部字母大写，还可以全部字母小写。另外，名称可以写在最左侧，也可居中。

（2）语言能力

在面试中，语言是最轻松的、最容易被测试的，一旦被考到，面试官会认为你在撒谎，甚至认为通篇都有很多撒谎的地方。外企公司不会雇用撒谎或有撒谎嫌疑的人。

（3）计算机应用能力

中国人最爱用"熟悉"（familiar）这个词。无论中文还是英文简历，"熟悉"是一个很弱的字眼，说明你不熟练，不常用。如果几个软件，有的熟练，有的熟悉，建议只写软件名。完全没把握的，一点儿不熟悉的，千万不要写。不要以为没有电脑，就不会考你，面试官也会考你一两个关键用法。如果真的用得很多，不妨用"Frequent user of"。

（4）资格证书

资格证书一定要写上国别，写明考取年份。有一些业余爱好，能显示出一定素养的，也可以写上，如钢琴考级。

（5）爱好与特长

①写强项，弱的一定不要写。

②一般只写两到三项。因为极少有人在很多方面都很强。

③不具体的爱好不写，如 sports、music、reading。

④举几个用词。如 travel，如果你喜欢旅行，而有些工作需要经常出差，那么你写上 travel 是非常有利的；有些女性写上 cooking，是很实事求是的，也给人踏实的感觉，对于像秘书这样的职位，总是有好处的。

4. 工作经历

首先要再次强调一下，对于正在工作的人，Experience 应写在 Education 的前面，而对于在校生而言，Education 则应放在 Experience 之前。

（1）时间

①目前的工作要最先写，左侧写时间。

②以前的工作，只写年份。这样的写法主要适于以下三种情况：一是工作时间较早；二是工作时间在两年以上；三是旨在巧妙地拉长工作时间。例如，如果你曾于 2015 年 12 月到 2016 年 1 月就职于某家公司，虽然只有短短两个月，但写成 2015 — 2016 就显得工作时间较长，同时也没撒谎。

③以前的工作，加上月份，如 May2015。

（2）公司名

公司名称应大写加粗。若全称太复杂，可以写得稍微简单一些。

（3）地名

地名写法与 Education 部分相同，这里就不再赘述。

（4）职务与部门

①从公司名称之后的第二行开始写，如果想介绍公司情况，则职务与部门应写在公司简介之后。

②职务与部门应加粗，每个单词的第一个字母要大写。

## （三）特别注意

①绝无拼写错误。现在文字处理软件都有拼写检查功能，你实在没有理由拼错，否则公司会觉得你连最基本的工作都不去做。这是完全不能容许的错误。

②小心相近字。这是拼写检查查不出的错误，要尤为小心。例如，有一位专业是经济学的应聘者，他本应写 Major：Economics（专业：经济学），却误写成了 Mayor：Economy，摇身一变，成了主管经济的市长。

③避免明显的语法错误。这并不是说一点儿语法错误都没有，因为英语毕竟不是我们的母语，稍微有一点小错，别人也是能够谅解的。

④请友人帮忙看一下，这是非常有效的一个方法。一是从拼写、语法、句式等方面来看，有无错误；二是从构思的角度上来看，有没有更合适、更恰当的表达。旁观者清，换一个角度，别人经常能提出一些特别好的建议来。

⑤ Objective 写不写？有人写，有人不写。其实写和不写各有利弊。如果写上，当然显得目标明确，非要这个行业、这个部门不可，但同时也就限制了你在别的行业求职的可能性。但如果你什么都不写，雇主参照你的背景和一些测试的结果也许认为你更适合别的部门，这样你就可能获得新的机会。

## （四）纸与字体

①用写简历专用的高级米黄色钢古纸，至少 80 克，或 100 克左右。

②尺寸：A4 纸大小，即 29.7 厘米长，21 厘米宽。

③字体：建议用 Times New Roman 或 Palatino。

④字号：大学生求职的简历最好用 12 号字，即小四。

⑤打印或手写均可。

⑥间距：上下（天地头）一样，约 2～3 厘米；左右一样，约 1.2～2.5 厘米；最左边的项目符号到左页边的距离保持在 3.8～5 厘米。

思考：

①写一份求职信。

②用中文设计一份个人简历。

# 第八章　调适择业心理

## 第一节　择业心态分析

心态是人的心理活动状态，可随着周围环境的变化或主观调节而发生变化。就业心态是指毕业生在求职择业期间的心理活动状态。就业过程不是简单的机械过程，而是复杂的心理过程，它受个体心理、群体心理和社会心理的制约。由于受社会环境、就业形势和家庭等因素的影响，大学毕业生在择业过程中表现出不同的心态，那些不良的择业心态应在老师的指导下予以调整。

### 一、毕业生择业心理误区和心理障碍

#### （一）常见的择业心理误区

1. 期望值过高

毕业生择业的目标和本人具备的实力相当或接近有利于增强其自信心，从而使自己在择业中处于优势。这就要求毕业生避免就业定位的理想主义色彩，适当地调整就业期望值，才能确保顺利就业。

【案例一】

来自河源的毕业生小张，学习成绩优秀，是学生干部，但直到 6 月底领取毕业证时还没落实就业单位。曾经有一家公司答应聘用他，可他不愿意去。"那个老国企，一个月才挣两千多块钱，在广东怎么够花？""如果广州实在留不下来，就去深圳、珠海，我绝不回老家！"

【分析】

这位毕业生过高地估计了自己，认为自己学习成绩优秀，当过学生干部，有一定的工作能力，走上社会将无所不能。因此，他在择业时容易产生盲目乐观、期望过高的心理，希望找到收入丰厚、社会地位高、福利待遇优、地理位置好、风险小、工作轻松、有较大发展前途的所谓好职业。结果失败。

期望值太高的另一个方面就是对自己的估计值太高，不顾自身条件的限制，眼睛死盯着"好单位"，宁愿待在"上面"无所事事，也不愿到基层较适合自己的地方去施展才华。事实表明，择业期望值过高容易使人陷入困境，使自己难以找到称心如意的工作而屡屡失败。要客观地评价自己，客观地看待形势，客观地进行选择。俗话说得好："知人者智，

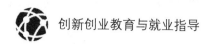 

自知者明。自知者自胜，自胜者自强。"

2. 盲目攀比

【案例二】

广州某大学生就业指导中心的老师说："学生们不愿下基层，看不上小企业。一些学生对'蓝领'不屑一顾，学机械的不愿下车间，学建筑的不愿跑工地，学管理的不愿跑市场，大家都想待在大城市，在好单位。看到其他同学在省会城市找到工作了，就拼命往里钻。"

【分析】

一些学生讲"级别"，觉得在校园期间自己成绩比别人好，荣誉比别人多，"官职"比别人高，理所当然工作也应比别人好。却不知用人单位并非以此作为评判人才的唯一标准，这些热衷于攀比的"高材生"最终只能在"高处不胜寒"的日子中体会孤苦和冷清。

很多同学希望在未来的工作岗位上做出一番事业，实现自己的人生价值。但他们往往缺乏艰苦创业的心理准备，希望一毕业就进入大企业、好单位，在较短时间里一举成名，沉溺在对未来的设想中，却不能从小事做起、从基层做起、从现在做起。殊不知，万丈高楼平地起，没有日积月累的经验的沉淀，怎么可能会成功。有的大学生在择业时，相互攀比，首先考虑的是单位效益，如工资多少、有否住房，至于这个单位是否与自己的专业对口，自己的能力、兴趣、性格是否符合岗位的要求则排在其后。原已落实了工作单位的，一听别人选择了比自己知名度高、效益好的单位就心理不平衡，有的同学索性离开了原已签约的工作单位，又重新回到选择职业的队伍中。这种互相攀比的不切合实际的择业心理，对求职择业很不利。

3. 缺乏自信

【案例三】

某职业院校的毕业生王磊经过三年的大学生活，具备了一定的专业知识，面对激烈的竞争，王磊总是感觉自己这也不行，那也不如别人，眼看同寝室的同学都走上了工作岗位，自己也挺着急。这种心理状态使得他自己缺乏竞争勇气，缺乏自信心，走进人才市场就心里发慌；参加招聘面试，心里忐忑不安。最后发展到干脆不去找工作，而只依赖亲戚介绍工作。

【分析】

有的毕业生对于求职一事总是忧心忡忡，担心失败，明明是自己理想中的工作，可一看到求职者众多，就打起退堂鼓来，连尝试的勇气也没有，明知求职者要靠自己去"推销"，可就是没有勇气跨进招聘单位的大门。有的毕业生依赖家长，依赖亲朋好友，在洽谈会上，由父母或亲朋好友代替自己同用人单位洽谈，把自己的命运交给别人来决定。有的毕业生一到招聘者面前，就面红耳赤，手足无措，回答招聘者的问题也惊慌失措，语无伦次。凡此种种都是缺乏自信的表现。在激烈的择业竞争中，这种心理问题是走向成功的大敌。

4. 孤傲自负

【案例四】

小陈，2012级毕业生，是家里的独子，在校任学生会学习部部长，大二时加入党组织，在校期间获过几次荣誉及奖学金。但他一切以自我为中心，个人主义作风严重，行为上自私自利。由于他在校园里一帆风顺，便以为自己无所不能，傲慢自大，目空一切，他要求进大城市、好单位，而且开口就问工资、补贴等，引起用人单位的极度反感，造成择业失败。

【分析】

20世纪80年代初，由于社会、家庭等的影响，大学生被誉为"天之骄子""国家的栋梁"，致使在竞争激烈的今天，一些孤傲自负的大学生在自我认识上出现偏差。他们自认为文化素质高，思想活跃，知识面广，无形中产生了优越感。因此，在就业时往往脱离实际，自我设计着未来，梦想将来在科研单位当科学家，在职业院校当教授，在机关当政治家，或出国留学等。就业时傲气十足，看不上这个职位，瞧不起那个单位，鸡蛋里挑骨头，似乎没有满意的工作。孤傲导致其脱离实际，使自己的就业目标与现实产生很大的反差，一旦就业受挫，梦想变成泡影时，就出现孤独失落等现象。

## （二）常见的心理障碍

### 1. 焦虑

焦虑是由心理冲突或挫折而引起的，是紧张、不安、焦急、忧虑、恐惧等感受交织成的情绪状态。绝大多数大学生在择业过程中，都会或多或少地出现焦虑情绪。优秀学生焦虑的问题是能否找到实现人生价值的理想单位；学业成绩不理想的学生焦虑没有单位选中自己怎么办；来自边远地区的同学为不想回本地区而焦虑；恋人们为不能继续在一起而焦虑；女同学为用人单位"只要男性"而焦虑；还有一些大学生优柔寡断，竟因不知自己毕业后向何处去而焦虑。大学生的上述焦虑状态一般并不会对其未来职业产生影响。一般来说，适度的焦虑会使学生产生压力，这种压力可以增强人的进取心，从而奋发有为。但是，如果焦虑不能得到及时的缓解，就有可能向病态发展，表现出情绪紧张、心情紊乱、注意力不能集中、身心疲倦、头昏目眩、心悸、失眠等症状。这种焦虑，使大学生毕业时精神上负担沉重、紧张烦躁、心神不宁、萎靡不振；学习上得过且过、穷于应付、反应迟钝；生活中意志消沉、长吁短叹。有些学生在屡遭挫折之后，甚至产生了恐惧感，一提择业就心理紧张。此时，焦虑不但干扰了大学生的正常生活、学习和娱乐，而且过度的焦虑，会使人失去应有的判断能力和自制能力，成为择业的绊脚石。

### 2. 自负

自负心理是过高地估计个人的能力，失去自知之明。一部分学生自认为是"天之骄子"，什么都懂、什么都会，应得到优待，于是在择业过程中，总是抱有自负自傲的心理。面试时，夸夸其谈、海阔天空，给用人单位留下浮躁、不踏实的印象，用人单位难以接受。在自负心理的支配下，部分大学生的择业观念不正确，心理定位偏高，只看到自己的优点，看不到自己的缺点，表现出非常强的优越感，往往不切实际地追求高工资、高名利的单位，而对一般的工作单位百般挑剔，甚至提出过高的要求。由于自负的大学生不能审时度势地认清自己，缺乏自知之明，其结果必然会高不成低不就，迟迟不能落实单位。看到别人都签了约，他们常常会牢骚满腹、怨天尤人，对社会、学校和他人都可能怀有不满情绪，但有时也会向相反方向发展，出现比较严重的自卑心理，从而不敢应聘求职。因此，自负心理是大学生择业的大敌。

### 3. 自卑

自卑心理表现为对自己的能力评价过低，看不起自己。这一消极有害的心理在不少大学生身上存在，严重影响他们的就业。一些人性格比较内向，不善言辞，成绩平平，面对择业市场，常常产生自卑心理，不敢大胆推荐自己，认为自己竞争力不够。有些大学生不能客观地认识自己，在择业中缺乏自信心，勇气不足，如认为自己相貌不好，怕用人单位以貌取人，更害怕被用人单位拒绝而无地自容。自卑心理源于他人对自己的不客观评价和自己对自己的消极暗示。反复地消极暗示可能导致认知功能的丧失，尤其是对于一些自我意识发展不健全的大学生、部分择业困难的女大学生以及性格内向或有生理缺陷的大学生来说，强烈的自卑心理会成为他们择业乃至生活的最大障碍。而且，自卑会使大学生在求职时怯于出头，羞于表现，依赖性强，其结果是这些学生不能很好地向求职单位展示自己的才华，常常会错失良机，使其求职成功率不高。

### 4. 怯懦

怯懦者害怕冲突，害怕别人不高兴，害怕丢面子。所以在择业时，因为怯懦，他们常常缩手缩脚，不敢自荐。在用人单位面前他们唯唯诺诺，不是语无伦次，就是面红耳赤、张口结舌。他们谨小慎微，生怕说错话，害怕回答不好问题而影响自己在用人单位代表心目中的形象。在公平的竞争机遇面前，由于怯懦，他们常常不能充分发挥自己的才能，以至于败下阵来，错失良机，于是产生悲观失望的情绪，导致自我评价和自信心的降低。

### 5. 依赖

在择业中，有的大学生对自己缺乏清醒的认识，择业信心不足，犹豫观望，择业依赖父母，依赖社会关系，依赖学校和老师。在人才市场上，父母代替子女、朋友代替自己与用人单位洽谈的场面屡见不鲜，好像不是大学生自己求职，而是父母亲属在求职。这些大学生缺乏自我决断能力，不能积极主动地去竞争、去推销自己。依赖心理是普遍存在的，但人们并没有给予足够的重视。

### 6. 冷漠

一些大学生因在择业中受到挫折而感到无能为力、失去信心时，会出现不思进取、情绪低落、情感淡漠、沮丧失落、意志麻木等反应。他们自认为看破了红尘，决定听天由命，任凭自然发落。冷漠是遇到挫折后的一种消极的心理反应，是逃避现实、缺乏斗志的表现。这种心理与就业的竞争机制是不相适应的。

### 7. 问题行为

问题行为即违背社会行为规范的适应不良行为。毕业前一些大学生因某些主体需要不能满足，加之平日缺乏应有的品德与个性修养，可能产生各种各样的问题行为。常见的有逃课、损坏东西、对抗、报复、迁怒于人、进行不良交往、过度消费、嗜烟、嗜酒等。问题行为的存在，不仅影响学生的顺利择业，还可能导致严重违纪与违法。

### 8. 躯体化症状

躯体化症状是由于心理压力而产生的异常的生理反应。毕业前的大学生，由于心理应激水平高、心理冲突强度大、挫折体验多，加之一部分大学生性格本来就不十分健全，因此容易产生某些躯体化症状，如头痛、头昏、血压不正常、消化紊乱、背痛、肌肉酸痛、口干、心慌、尿频、饮食障碍或睡眠障碍等。这些症状若不及时排除，则会危及学生的身体健康和心理健康。

## 二、毕业生择业心理分析

以上大学毕业生择业心理误区和心理障碍的形成原因是多方面的，只要在了解和分析这些现象形成与存在的根源后对症下药，问题便能迎刃而解。

### （一）依赖他人，自主择业能力差

【案例一】

在学校 2017 年 3 月份举办的小型招聘会上，毕业生小向的父母亲在招聘会尚未开始时，就早早地到会场打听招聘单位的情况。招聘会开始很久以后，小向姗姗来迟，并由家长陪同前往用人单位前面谈。面谈过程中，小向发言的时间还没有其父母多，结果谈了一家又一家，最终仍一无所获。

【分析】

小向的问题出在择业过程中过分依赖他人，其实，依赖他人是难以选择到一份满意的工作的。现在的毕业生中，独生子女所占的比例越来越高，他们的生活一帆风顺，没有经历过什么波折，再加上父母亲的过分呵护，客观上也使他们养成依赖心理。这些毕业生大多缺乏主见，自我意识模糊，在择业中常会茫然不知所措，自己独立进行择业决策的能力差，以致在人才市场上，父母代替子女或亲友代替本人与用人单位洽谈的场面屡见不鲜。难怪有用人单位对依赖性过强的毕业生说："你本人都要靠别人来推销，企业还能靠你来推销产品吗？"就业制度的竞争，为毕业生提供了公平的竞争环境。竞争是毕业生渴望已久的，对能获得在一定范围内直接选择职业和单位的机会感到欣喜。竞争使毕业生精神振奋，意识到竞争意识已广泛渗透到社会生活的各个方面。在这个大环境中，一个人如果没有强烈的竞争意识，不参与竞争，就不可能成就一番事业。然而，竞争也使毕业生感到了压力，使少数人感到无所适从，他们赞成改革，然而又害怕竞争，在竞争面前顾虑重重，举棋不定。

### （二）目标远大，不愿从基层做起

【案例二】

2015 届毕业生小王来自广东博罗，直到当年 3 月份他还未落实工作单位。小王去参加国家医药管理局的专场招聘会，刚好有一家制药厂要他，专业对口，这家制药厂不算太大，但在小王的家乡。然而，他本人的择业意向却是：单位地点必须在广州市。至于到广州的什么单位、具体做什么工作都无关紧要，除此以外，其他什么单位都不予考虑。在这种心态下，就业自然难以如愿。

【分析】

不少毕业生过于向往经济发达地区，尤其是沿海地区的中心城市，最低的期望也是回自己家乡所在地的中心城市。他们只注重城市经济文化发达、工作环境优越的一面，而忽视了城市人才济济、竞争压力大的一面，择业期望值居高不下，甚至还有逐年上升的趋势，从而导致主观愿望与现实需求之间产生巨大落差。像小王这样过分看重单位所在地的毕业生不在少数。对校内 2016 届毕业生的抽样问卷调查显示，在衡量单位是否符合自己的标准时，有 92% 的毕业生要选择效益好、工资高的单位，超过 85% 的毕业生要求单位地处大中城市，愿意到急需人才的边远地区和艰苦行业的毕业生仅占 2%。毕业生经过了充实而丰富的学习积累，大都激情满怀，抱负远大。很多毕业生希望结合自己的专业，大展宏图，发挥自己的聪明才智，实现自己的人生价值。然而，需要大量毕业生的西部边远贫困地区的基层单位却无人问津，而大中城市、沿海地区等都远远超过需求。有的毕业生只担心到西部边远贫困的基层去没有前途，经济收入少，生活艰苦，却不考虑自己未来事业的发展和社会的需要。

### （三）信心不足，缺乏把握自我的能力

【案例三】

毕业生小刘学习成绩和其他方面条件都不错，在就业的初期满怀信心。但由于专业冷门等原因，找过几家单位都碰了壁，结果在后来的择业过程中表现越来越差，陷入恶性循环而不能自拔，以至于到了新的用人单位那里，只能被动地问人家："学××专业的要不要？"其他什么话都不敢讲，最终未能落实就业单位。

【分析】

小刘在择业遭受挫折后，一蹶不振，对自己评价过低，丧失了应有的自信心，择业时缺乏主动争取和利用机遇的心理准备，不敢主动、大胆地与用人单位交谈，也就不能很好地表达自己。越是躲躲闪闪、胆小、畏缩，越不容易获得用人单位的好感。这种心理严重妨碍了一部分毕业生正常的就业竞争，使得那些原本在某些方面比较出色的毕业生也陷入"不战自败"的困境。毕业生自我意识日趋完善，能对自我存在的价值有较明确的认识，能较全面、客观地评价自己的优缺点，分析自己的长处和短处，就为顺利就业奠定了良好的心理基础。如果毕业生认为自己处处不如人，由此产生自暴自弃的心理，失去竞争意识，无法把握自我，就会失去很多就业良机。

### （四）孤傲自负导致求职失败

【案例四】

毕业生小林口才不错，在与用人单位代表面谈时自我感觉良好。一番高谈阔论以后，当对方问他的个人爱好是什么时，他竟得意洋洋地宣称是"游山玩水"，结果被用人单位毫不犹豫地拒之门外。

【分析】

小林的失败是典型的自负心理造成的。自负在心理学上指过高地估计个人的能力，从而失去自知之明。在这种心理的支配下，不少毕业生在求职择业过程中，总是自以为是；自负自傲，以为自己什么都懂、什么都会，夸夸其谈，结果留给用人单位的是浮躁、不踏实的印象。试想，有哪家单位肯要一个不知天高地厚、自命不凡的人？

### （五）要求苛刻，令单位无法接受

【案例五】

某会计专业毕业生与某集团公司经过双选、面试考核，终于进入签约阶段，协议书首先由毕业生本人签署应聘意见，该生在"应聘意见"一栏中写下了以下 6 条要求：①从事

财会工作；②每周工作五日，每日八小时工作制；③解决户口，提供单身住房；④住房公积金、劳动保险、养老保险等相关支出均由公司负担；⑤每半年调薪一次；⑥公司不限制个人发展（如专升本、考研等）。单位鉴于以上条件不能完全答应，将协议书退回，并建议修改后再签。最终，该毕业生因坚持自己的意见而未能被录用。

【分析】

该毕业生未被上述单位录用，根本原因在于其所提要求过于苛刻。笔者曾与该集团人事部负责人取得联系，了解以上条件为什么不能完全答应，该负责人说，这位同学提出的6 条要求，有些我们是可以满足，也应该做到的，比如：安排专业对口的工作、八小时工作制、解决户口、提供各种福利等。但有的款项就无法答应，比如，每半年调一次薪，又比如"公司不限制个人发展"一条，从毕业生角度来看，提出这样的要求可以理解，但从用人单位来讲，在不影响正常工作的前提下，我们鼓励个人提高自身素质，但如果服务期内想考研就考研，不受单位任何约束，单位肯定是不能答应的。尽管这位同学各方面条件都不错，但这种苛刻的条件我们是无法接受的。

# 第二节　正确的择业心态

优秀的心理素质是一个人立业、成才的基础，从某种意义上讲，它比智慧和学识更为重要，因此，面临求职择业的毕业生更应具备良好的心理素质和健康的就业心态。

## 一、面对现实，善于把握自我

现实是客观存在的，包括主体（自身）和客体（社会）。敢于面对现实就是指要敢于正视社会、正视自身。应当看到，社会的转型正极大地改变着人们的思维方式和行为方式。在科教兴国战略思想的指导下，国家越来越重视知识，尊重人才。这种社会氛围无疑为毕业生求职择业创造了良好的外部条件，为那些有真才实学的毕业生提供了施展才华的广阔天地。然而，毕业生也必须看到：我国还是一个发展中国家，就业地区的环境、经济水平、工作条件等还存在一定的差别；毕业生就业市场还不够规范，不良现象在一定范围内存在着；随着人事制度改革的深入，用人单位的自主权扩大了，对毕业生的要求不断提高，这些都为毕业生求职择业增加了难度。

【案例一】

某毕业生赶到广州某人才市场时，已是下午 3 点多，此时，许多单位已录满人员撤摊而去，剩下的单位也在整理材料考虑收场，他抱着试试看的心态向自己感兴趣的某单位递了一份材料，并诚恳地说明了自己晚来的原因。谁知刚过两天他就收到了该单位的面试通知，一周之后便签订了正式协议。

【分析】

外出参加人才招聘，一般来说宜早不宜迟，但有些客观因素是无法预测的，在这种情况下要随机应变，要沉着、有耐心。有时，耐心等到最后，好戏就在后头。总之，要么赶早，给对方留下深刻的第一印象，要么耐心等到最后压轴，同样也会给单位以深刻的印象。在就业的竞争中，我们有可能受到用人单位的青睐而找到一份满意的工作，也有可能在激

烈而残酷的竞争中被无情地淘汰。无论成与败，我们都应保持良好的心态，这就要求毕业生正视自身，善于把握自己。

## 二、拼搏进取，勇于竞争

竞争自古有之，中外皆然。人类从钻木取火、茹毛饮血的社会进化到太空遨游、试管婴儿的时代，其间经历了无以数计的竞争，而社会发展到今天，竞争更是无处不在。所以有人认为：人生本来就是一场竞争。也有人认为：一个人最大的幸福就是在竞争中取胜。生活往往给人这样的启示，那就是人应具有这样的品质——在富有挑战性的工作面前，敢于拼搏，乐于进取。毕业生应有竞争勇气。竞争是个人发展、社会进步的真正动力，如毕业生就业制度的改革本身就体现了一种竞争机制，目的在于培养和强化竞争意识。毕业生应敢于在沧海里扬帆，在长风中破浪。人生能有几回搏？先贤有言："大胆天下去得，小心寸步难行。"居里夫人也说过："弱者坐待时机，强者创造时机。"在求职择业的过程中，任何胆小怕事、羞怯自抑的想法和做法都是不可取的。竞争需要实力。竞争是人与人的交锋，是力与力的较量，所谓有没有"实力"就是：是否具备了扎实的专业基础知识；是否具备了与社会发展相适应的观念；是否具备了处理复杂的人际关系的能力以及健康的身体；最重要的还在于是否具备了敢于拼搏进取，胜不骄、败不馁的心理素质。要竞争就要有受挫的心理准备。竞争的目的在于成功，但并非每个人每次竞争都能成功。因此，毕业生在参与竞争前，一定要有充分的思想准备，争取赢，也要认输，凡有成就的人，无不经受过挫折与磨难。贝多芬说过，卓越之人的一大优点是，在不利与艰难的遭遇里百折不挠。竞争就是有输有赢，毕业生就业要做好输了也要重整旗鼓，再度出击的心理准备。有些人之所以能笑迎厄运，挫而弥坚，愈挫愈强，关键在于他们有优秀的心理素质。其实，成败乃人生平常事，它是主客观原因共同作用的结果，并非永恒不变的，而是可以转化的，重要的在于失败之后保持清醒的头脑。因此，毕业生在求职择业的过程中遇到挫折时，不必惊慌，不必懊恼，而应冷静地分析受挫原因并及时调整自己的思维和行为，准备投入下一次竞争，努力使自己成为坚强的人，成为经得起失败的人。

【案例二】

张新，男，财税学院2013届国贸专业毕业生。该同学性格开朗，待人热情，在校期间曾担任校广播电台节目主持人，通过这期间的学习，他锻炼并提高了自己的组织协调能力、口头表达能力，多次参加各类型的司仪比赛并获奖。在2016年毕业的时候，他被好几家用人单位同时看中，其中有国际知名企业欧莱雅上海分部——这是该公司决定在中国华南地区录用的第一个人；有深圳国税局——在该局的统一招考中他面试第一及总成绩第一，力挫来自全国各地的竞争对手；有深圳海关——在全国海关系统招考中，他一路过关斩将，名列前茅。最后，根据自己的专业特长，张新同学选择了深圳国税局。

【分析】

大学生在校期间应该在学好专业知识的同时，不断地加强自己各方面知识的积累，提高自己的综合素质，这样才能提高就业竞争力。

## 三、适应环境，放眼未来

【案例三】

已被某会计师事务所录取的小钟说道，当她第一次在广州本田面试失败后，自己也一度失去信心，但她没放弃，在第二次去会计师事务所面试前，每天对着一面镜子说："我行的，只要我努力，我一定行。"然后她参加面试前几天还对着镜子做自我介绍，以观察自己，发现自己的不足。终于功夫不负有心人，她成功了。于是"一面镜子"的故事也就在学院传开了。

【分析】

就业是人生大事，每个毕业生都会认真地对待。现行的就业制度使不少毕业生通过"双向选择"而获得了满意或比较满意的工作。但由于种种原因，有一部分毕业生未能如愿：有的专业不甚对口或根本不对口；有的工作地域偏僻且条件差等。凡此种种，都需要毕业生有清醒的头脑、客观的态度，能正视现实，适应环境，放眼未来。

事业无穷年，成功在久不在速。毕业生就业制度改革后，人才市场异常活跃，就业机会明显增加，尤其是所学专业实用性很强的一些毕业生，比较容易找到一份理想的工作。不过，这类毕业生仍需不断进取，因为理想的工作仅仅只是为事业有成创造了条件。对于另一部分毕业生而言，可能首次择业不顺利。这类毕业生没有必要后悔和抱怨，因为用发展、变化的眼光看问题，事物总是在变的，我国人事制度的改革已经为人才的第二次、第三次择业提供了机会，只要毕业生能够客观地看待社会，正确地评价自身，就能找到合适的工作。

适时调整心境，保重身体。择业阶段是紧张辛劳的，易身心疲惫，要特别留意自己的健康。毕业生应该明白：有"本钱"才能打持久战，健康的身体是健全精神的物质基础，心理健康又对躯体健康有着重要的保证作用。医书上说，七情不调，会生百病。大量的实验研究和临床实践表明：中枢神经系统功能过度紧张、紊乱，会诱发种种疾病，如果有长期的心理矛盾，压抑愤怒、强烈不满等不良情绪，更易引发疾病。因此，在紧张劳累的求职择业过程中，毕业生应学会调整自己，努力保持心态平衡，不因就业的成败而大喜大悲，损伤身体。

# 第三节　正确的择业心态培养

选择职业，就是选择未来。每个毕业生，如果正确地选择了职业，就是为未来的成功奠定了良好的基础。为此，毕业生要把握好机遇，迎接挑战，争取迈好走向社会的第一步。随着就业市场人才竞争的日趋激烈，社会对毕业生的心理调适能力的要求也越来越高。在充满竞争和挑战的就业大潮中，毕业生只有具备良好的就业心态，才能适应变化着的就业市场，找到理想的工作单位。

## 一、学会客观、全面地进行自我认识和自我评价

自我认识既包括对自身条件、心理特征、行为能力等的认识，也包括他人对自己的评价，它是自尊、自信等自我评价的基础。毕业生要学会进行自我分析、自我评价，正确地

　　了解、认识自己，恰当地评价自己，善于确定符合自己实际情况的就业目标，既不妄自尊大，做力不能及的事，也不妄自菲薄而放弃可能发展的机会。为了准确地确定自己在群体中的位置，要学会以总体的眼光与别人进行客观、全面的比较。这样才能做出正确的自我评价。

　　针对这种情况应该引导学生明确学习方向，实现从应试教育到素质教育的转变。大学学习的目的是掌握一定的专业知识和技能，提高自身的素质。实现这一目标就要从学好专业课、提高专业技能、培养高尚的道德情操、锻炼社交能力、提高身体和心理素质等多方面去努力。在学习内容上注意寻找自己的学习兴趣，除完成正常的学习任务外，应根据自己的兴趣养成发现问题、思考问题、研究问题的习惯，变被动学习为主动学习，提高学习的自觉性和自主性。

## 二、消除从众心理

　　水往低处流，人往高处走，就业中存在"往高处走"的从众心理是可以理解的。但问题是当"人往高处走"时，我们应该想想，这个众人向往的"高处"是否就是真正的"高处"，是否一定适合自己的发展。这要根据毕业生不同的能力、气质、兴趣、性格、性别以及家庭状况等做出具体的分析，不能一概而论。因此，在就业中不能一味顺应"从众心理"，科学的就业方法应是选择社会需要并能发挥个人特长的职业，以个人所长择社会所需，方可人尽其才。也就是说，我们应该将个人的主客观条件与社会职业岗位相对照、相匹配，从而进行选择，不人云亦云，也不相互攀比，寻找适合自己的工作。

## 三、培养较强的情绪控制能力

　　目前由于多种因素的影响，在毕业生就业中出现了一些使人预料不到的现象和问题。

　　在就业过程中，希望与痛苦并存，失望与机遇同在。伴随着愿望的落空，大学生会产生不良情绪，诸如悲观、烦恼、焦虑、抑郁、孤独等。情绪是一种具有动机和知觉的力量，它组织、维持和指导人的行动。严重的消极情绪会导致心理失衡，稳定而良好的情绪会使人心情开朗、轻松、安定、精力充沛，对生活充满信心，从而满怀希望地投入就业大潮中去。因此，学会对情绪进行自我控制，是就业成功的基石。

## 四、克服"主见缺乏症"，培养果断的决策能力

　　人无完人，工作单位也不是十全十美的。选择就业单位时，往往不可能各方面都如人愿。因此，面对众多的用人单位，我们必须把握自己的条件，结合单位的要求，进行综合比较，权衡利弊，做出科学的取舍。因此，一定要克服"主见缺乏症"，培养果断的决策能力。

## 五、心理调适的具体方法

　　大学生要控制自己的情绪、自觉地调整内在的不平衡心理、增强心理素质、保持乐观向上的心态，就需要不断地对自己进行心理调适。下面介绍几种常用的心理调适方法，供

大学生在择业过程中，根据自己的实际情况有选择地加以使用。

### （一）自我激励法

自我激励法主要指用生活中的哲理、榜样的事迹或明智的思想观念来激励自己，同各种不良情绪进行斗争，坚信未来是美好的。因为失败、挫折已经成为过去，要勇敢地面对下一次。尽可能地把不可以预料的事当成预料之中的，即使遇到意外事件或择业受挫，也要鼓励自己不要冲动、急躁，而是开动脑筋、冷静思考、寻找对策。大学生在择业过程中，要相信自己的实力，通过自我激励，增强自信心，消除自卑感，保持良好的情绪和心态。

### （二）注意力转移法

注意力转移法即把注意力从消极情绪转移到积极情绪上。当不良情绪出现时，可以采取转移注意力的方法寻找一个新颖的刺激，激活新的兴奋中心以抵消或冲淡原来的兴奋中心，使不良情绪逐渐消失。如听听音乐、参加体育运动、进行自我娱乐、接受大自然的熏陶、参加有兴趣的活动等，使自己没有时间沉浸在因各种原因引起的不良情绪中，以求得心理平稳。

### （三）适度宣泄法

当遇到各种矛盾冲突，产生不良情绪时，应尽早进行调整或适度宣泄，使压抑的心境得到缓解和改善。宣泄的较好方法是向你的挚友、师长倾诉你的忧愁、苦闷，使不良情绪得到疏导。在倾诉烦恼的过程中，可以获得更多的情感支持和理解，获得认识和解决问题的新思路，增强克服困难的信心。也可通过打球、爬山等运动量较大的活动，消除压抑心理，恢复心理平衡，但应注意场合、身份、气氛，注意适度，宣泄应是无破坏性的。

### （四）自我安慰法

自我安慰法又称自我慰藉法，关键是自我忍耐。在择业中大学生常常会遇到挫折，当经过主观努力仍无法改变时，可适当地进行自我安慰，以缓解动机的矛盾冲突，解除焦虑、抑郁、烦恼和失望情绪，这样有助于保持心理稳定。

### （五）合理情绪疗法

合理情绪疗法认为，人们的情绪困扰是由于不正确的认知，即非理性信念所造成的，因此，通过认知纠正，以合理的思维方式代替不合理的思维方式，就可以最大限度地减少不合理的信念给人们的情绪带来的不良影响。例如，有的大学生择业不顺利就怨天尤人，认为"人才市场提供的岗位太少""用人单位要求太高"，其原因就在于他只从客观上找原因，认为"大学生择业应当是顺利的""社会应该为大学生提供充足的岗位"等。正是这些不正确的认知信念，造成了他们的不良情绪，而这种不良情绪恰恰来自他们自己。所以，如果能改变这些不合理的观念，调整认知结构，不良情绪就能得到克服。大学生运用合理情绪疗法时要把握三点：第一，要认识到不良情绪不是源于外界，而是由于自己的非理性信念所造成的；第二，情绪困扰得不到缓解是因为自己仍保持过去的非理性信念；第三，只有改变自己的非理性信念，才能消除情绪困扰。

自我调适的方法还有很多，如环境调节法、自我静思法、广交朋友法、松弛练习法、幽默疗法等。这些都是应变的一些方法，但最主要的是大学生要树立正确的择业观，对择业要充满信心，要注意磨炼自己的意志，培养乐观豁达的心态，不要惧怕困难、挫折，要始终保持积极向上的精神状态和健康的心理。总之，在择业求职过程中，大学生应提高自我调适的自觉性，使自己保持一种良好的心态。同时，社会、学校和家庭各方面也应提供关注和积极的引导，帮助学生面对现实，排除心理困扰，缓解不必要的心理压力，促使他们尽快实现角色转换，顺利走上工作岗位。

思考：

①毕业就业在即，你有何心理准备？

②你打算如何培养良好的择业心态？

# 第九章　应对面试

## 第一节　求职面试技巧

求职面试是指用人单位派人与应聘者或毛遂自荐者进行有目的的面谈，是主考官对毕业生求职的一种考查方法。一般主考官通过观察及交谈了解毕业生的有关信息。大学生在求职择业过程中，面试至关重要。有时求职的成败就取决于这几分钟的面试。短短的几句话实际上是毕业生大量知识和能力储备的浓缩表现。毕业生的智慧和才华都在这短短的几分钟里闪现。所以在求职面试时恰当地展示自我是求职成功的关键。

### 一、常见的面试方法

常见的面试方法有：个人面试、小组面试（或称为无领导小组讨论法）、测验面试、组合式面试、另类面试等。

个人面试是毕业生个别地接受面试，这是求职中最普遍采用的面试方法。尽管面试会采用其他方法，但最终必须经过个人面试的方式决定是否录用。个人面试的方式，可以让双方较深入地相互了解，可以深入地交换意见。

个人面试又分两类：①一对一面试，即一个主试官负责整个过程。较小规模的企业的招聘和较低职位的征聘一般采用这种方式。②集体面试，即由几个人组成一个小组，一起会见面试人员。

小组面试是当一个职位有许多人申请时，企业为了节省时间，可以让多个面试者共聚一堂，做小组讨论或解决问题。而主试官在旁观察，然后看毕业生的表现。这种小组面试的目的在于：①公平地比较各人的表现；②做出当场评估；③考查毕业生的人际关系、控制现场的能力及领导才能。

测验面试是招聘单位要求毕业生参加各种技能测试和考试，示范做某些工作，如体能测试、推销货品等，一般在较低职位征聘或专门行业中常用。近年来，不少公司在招聘人员时也采用计算机软件进行测试，设计各种测试题，对求职者的各种素质进行量化。

组合式面试是综合采用上述三种面试方式。一般用于规模较大的企业机构聘请高级行政人员。这种面试方式通常要花费一整天完成。上午，应试者与企业人事部职员进行个人面试，其后应试者参观企业。中午，入围者同有关机构的主管对某些问题交换意见。下午同机构的高层负责人会面。

另类面试有别于以上几种面试方法。另类面试一般是在应聘者不知不觉中完成的。这

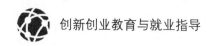

种面试难以预料，花样繁多，最能体现应聘者的实质，无须准备也无法准备。

## 二、面试前的准备

### （一）面试前要了解以下几个问题

**1. 对有关行业的必要知识了解**

在面试前应研究该行业的情况，而对该行业了解的深度应该取决于你所应聘职位的级别。建议应聘者至少对该行业的性质、动态、趋势及未来方向有所了解。这些信息将在面试过程中发挥重要作用。

**2. 对要面试的公司情况进行了了解**

对自己即将面试的公司有足够的了解很重要，因为你想让面试官知道你求职的诚意。

为了显示你的诚意，你需要认真考虑这家公司是否适合你。而为了说明理由，你得指出它的哪些与众不同的特点吸引了你，该公司对你而言是更好的选择。如该公司的主要产品或服务、公司的主要竞争者、公司的独特之处、公司的效益和发展前景、公司的企业文化等。

**3. 对特定职位必备知识的了解**

在面试前，你还应该通过多种渠道了解你所应聘职位相应的职能和责任。如这个职位要求毕业生拥有何等学历和工作经验？你的基本任务和职责是什么？你应该对谁负责？你的工作是团队合作型还是个人奋斗型？这项工作有什么特别的技术要求或其他技能要求？

### （二）面试前的准备

**1. 相关的资料准备**

相关的资料包括个人履历、邀请你面试的信函、公司的资料（你收集到的或以前公司给你的）、各种证书、公司的地址以及面试的联系人等。只带一个手提包或公事包，尽量把化妆品、笔、零碎的小东西收好。手里又提又拿，容易给人凌乱急躁的感觉。

**2. 对出行前的准备**

不管是乘公交车、打车还是乘地铁，都要确保你有充足的时间。

如果是电话通知你面试，一定要问清楚怎么到达方便，特别是问清楚到了公司之后怎么找到面试场所。很多人接到面试电话，只会说"好，好的"，然后还得自己想怎么走，往往事倍功半，甚至耽误了面试。事先问清楚，事半功倍，同时又说明你考虑周到。

**3. 对着装的准备**

剪裁合宜、简单大方的套装，比两件式上下身搭配的服装更能建立权威感与专业性。而女士下身应以裙装为主，如穿长裤，应选择质料柔软、剪裁合宜的西装裤。

套装、西装颜色以中性为主，避免夸张、刺眼的颜色。以自己的"肤色属性"为前提（也就是适合你皮肤色调的色彩），能让人看到你精力充沛、容光焕发。

简单高雅的配饰，不要佩戴过于夸张、会叮当作响的饰品。

保守淡雅的彩妆，切勿浓妆艳抹。包括头发、指甲、配件等都应干净清爽，给人良好的印象。女士最好不要涂太艳的指甲油，男士穿西装要配深色袜子。

## 三、面试官最常问的问题

### （一）请谈谈你自己

分析：这是个开放性问题。从哪里谈起都行，但是滔滔不绝地讲上一两个小时是不合适的。这样的问题是测验你是否能选择重点并且把它清楚、流畅地表达出来。显然，提问者想让你把自己的背景和想要得到的职位联系起来。

回答对策：有几个基本的方法。一个是直接简要地回答所问的问题，另一个是在回答前要求把问题问得更明确。在上述两种情况下，你都要很快地把你的答案转到你的技能、经验和你为得到目前这份工作接受的培训上来。

回答样板："我来自一个小家庭，有一个弟弟，父母都还在工作。中学毕业后，我攻读市场营销学并获得学士学位。曾在一家商业机构担任营销执行员，对管理方面的知识有一定了解。例如，我全权负责的一个批发销售的业务，销售总额为一年200万元。在那里我学习到怎样管理人事，在压力下解决问题。我希望能更好地运用我的技能。我相信我的经验和学历能让我迎接未来更大的挑战。"

总结：只简单地介绍了个人历史，很快地将重点转到与工作有关的技能和经验上来。你也可请面谈者把他确实想了解的东西集中到一点，如你可问"你是不是想知道我的教育背景，或者与工作有关的技术和经验"等，大多雇主都会乐意告诉你他们感兴趣的是什么。

### （二）你的优点主要有哪些

分析：像前面的问题一样，这个问题问得相当直接，但是有一点隐含。

回答对策：你的回答应当首先强调你适合的或已具有的技能。是否雇用你在很大程度上取决于这些技能，你可以在后面详细地介绍你与工作有关的技能。回答时，一定要简单扼要。

回答样板："我具有朝着目标努力工作的能力。一旦我下定决心做某事，我就要把它做好。例如，我的志愿是成为一名出色的公关经理，我喜欢接触不同的人、服务人群，为了实现这个目标，我目前正在修读有关课程。"

总结：如"我的学习能力、适应能力很强""人际关系很好"等都是可提出的优点，但尽可能提供与工作相关的证据，这会使你与众不同。

### （三）你的缺点主要有哪些

分析：这是个棘手的问题。雇主试图使你处于不利的境地，观察你在类似的工作困境中将做出什么反应。

回答对策：回答这样的问题应诚实。完满地回答应该是用简洁正面的介绍抵消反面的问题。

回答样板1："工人们指责我对工作太投入。我经常提前上班安排好我的工作，晚上晚一点下班，使要干的事得以完成。"

回答样板2："我需要学会更耐心一点。我的性子比较急，我总要我的工作赶在第一时间完成。我不能容忍工作被怠慢。"

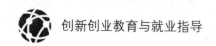

总结：回答的虽是自身的缺点，却取得了正面的效果，对工作的积极抵消了负面影响。

### （四）你想得到的薪水是多少

分析：如果你对薪酬的要求太低，那显然贬低了自己的能力；如果你对薪酬的要求太高，那又会显得你分量过重，公司受用不起。一些雇主通常都事先对征聘的职位定下开支预算，因而他们第一次提出的价钱往往是他们所能给予的最高价钱。他们问你只不过想证实一下这笔钱是否足以引起你对该工作的兴趣。

回答对策：在商谈薪酬之前，你已经调查了解了自己所从事工作的合理的市场价值。在与对方商谈时，不妨尽可能地插入"合理的"和"市场价值"等语汇。切记，商谈时降低原来的开价轻而易举，但一旦开出低价后想再提上去就难乎其难了。

如果你尚未彻底地展现自我价值，面试者就提此问题考你，你不妨参考以下答案。

回答样板："钱不是我唯一关心的事。我想先谈谈我对贵公司所能做的贡献，如果您允许的话。""我对工资没有硬性要求。我相信贵公司在处理我的问题上会友善合理。我注重的是找对工作机会，所以只要条件公平合理，我则不会计较太多。"

总结：如果雇主需要你，他会乐于满足你的要求。一旦你对他们提出的标准说"不"，交易就做不成了。

### （五）你对以后有什么打算

分析：这个问题是在试探你的工作动机。它是在探究你是否可以把工作长久地干下去，而且干得努力。

回答对策：你最好的对策就是诚实。这是一贯强调的。并非是要你把负面的信息也摆出来，你应该准备坦率地、正面地回答雇主关心的问题。而哪些是雇主关心的问题取决于你介绍个人背景的具体情况。

例如：

你对工作满意吗？（如果不满意你会离开公司吗？）

你想成家吗？（如果成家，你会停职去照料小孩吗？）

你是否有过短期工作后离开的历史？（如果有，你会不会也放弃这份工作呢？）

你是否刚搬到此地，是临时的或暂住人口？（如果是，你也不会在此地久居，对吗？）

你是否有比本工作要求更好的条件？（如果是，是什么使你不去高就呢？）

你有什么优势在工作中有所发展？（如果不是，谁需要一个没有优势和动力的人呢？）

有什么原因使你感到不满吗？（如果有，雇主自然会设法搞清楚。）

回答样板：对没有工作经验的毕业生和只有各种短期工作经验的人，他们可以这样回答："我做过几种工作（一种或失业），我认识到应该珍惜体面的、稳定的工作。我的各种经验是一种财富，我学到很多东西，我可以把它们用到这项工作中去。我正在寻找一份可以安定下来，并能持久干下去的工作。"

总结：这是一种可以接受的回答，只是回答太短，也没有提供证据。介绍自己的实例最好放在最后一句话之前。

### （六）你为什么要应聘这个职位

分析：雇主想了解你是否是那种无论什么公司只要有活就行的人。若果真如此，他或她就不会对你感兴趣。雇主想找那种想解决工作中问题的人。他们有理由认为这样的人工作起来更努力、更有效率。

回答对策：事先了解哪些工作适合你非常重要。要回答这个问题，就要谈到你选择工作目标的动机、所具备的技能、各种专业培训，或与职务有关的教育证书。

这个问题实际上有两方面的含义：一是为什么选择这个职位，二是为什么选择这个公司。如果你有选择这个公司的理由，或选择这个公司是你最大的愿望，你就要准备回答为什么。如果可能的话，在面谈前，你要事先尽可能地对它进行了解。与别人联系得到详细的情报，或到图书馆查阅，看公司的年度报告，或任何能使你了解情况的方法都是必要的。

回答样板："我花费了很多时间考虑各种职业的可能性，我认为这方面的工作最适合我，原因是这项工作要求的许多技能都是我擅长的。举例说明，分析问题和解决问题是我的强项，在以前的工作中我能比别人更早地发现和解决问题。如果我在这里努力工作，证实我自身的价值，我感到我有机会与公司共同发展。"

总结：这种回答巧妙地运用了"提供证据"技巧，这样的话符合一个出色的经理或优秀的秘书的身份。

### （七）你缺乏经验，怎能胜任工作

回答样板：我作为应届毕业生，在工作经验方面或许会有所欠缺，因此读书这几年我一直利用各种机会在这个行业里做兼职。我也发现，实际工作所呈现的远比书本知识丰富得多。由于我有较强的责任心、适应能力和学习能力，而且一贯比较勤奋，所以兼职过程中均能圆满完成各项工作任务。请贵公司放心，学校所学及兼职的工作经验使我一定能胜任这个职位。

### （八）你认为这项工作有什么困难

分析：一般不宜直接说出具体的困难，否则可能令招聘公司怀疑应聘者"不行"。可以尝试采用迂回战术，比如先说出应聘者对困难所持有的态度——工作中出现一些困难既是正常的，也是难免的，但是只要有坚忍不拔的毅力、良好的合作精神以及事前的周密准备，任何困难都是可以克服的。

### （九）在此之前，你为什么没有找到一个新职位

回答样板："找个工作很简单，但找到合适的工作就难了。"（言外之意是你一直很"挑剔"，而他们的公司是适合你的公司）

### （十）你认为你价值多大

分析：这个问题的重点在于说明你对于此公司的价值是什么，如果面试人员不要求，不要说出具体的数额。

回答样板："我认为聘用我将是贵公司一项成功的投资。在仔细阅读了贵公司的目标后，我相信我的加入对于贵公司的发展将很有价值。我能具体解释一下吗？"

### （十一）你能举个例子说明你的组织和领导能力吗

回答样板："我发起的活动：组织一个团体在平安夜唱一首歌，代表我们的英文协会拜访大学的所有宿舍并且送圣诞礼物。我们的目标是拓宽学生对西方文化的了解。我所扮

演的领导角色：结合代表们的提议和我的主意并且决定唱什么歌、哪些人参加、我们在哪个地点进行我们的表演。结果：许多学生说我们送给他们的礼物带给了他们温暖，并且希望我们在下个平安夜也举行类似的活动。"

### （十二）举出一个事例说明你如何有效地同别人合作来完成一个重要目标

回答样板："在军事训练中，我们举行军歌竞赛。我和我的同学设计整个比赛的安排、伴奏等内容。排练中我协同那些掌管照明、声音和现场的人一起工作来达到最完美的艺术效果。在舞台上，我担任指挥，并且用手势和眼神提醒同学们，我们配合默契。最终，我们的连队赢得了这场比赛的第三名。"

## 四、面试"八忌"

### （一）忌迟到失约

迟到和失约是面试中的大忌。这不但会表明毕业生没有时间观念和责任感，更会令面试官觉得毕业生对这份工作没有热忱，印象分自然大减。守时不但是美德，更是面试时必须做到的事。因此，应提前 10～15 分钟或准时到达。如因有要事迟到或缺席，一定要尽早打电话通知该公司，并预约另一个面试时间。另外，匆匆忙忙到公司，心情还未平静便要进行面试，自然表现也会大失水准。

### （二）忌数落别人

切勿在面试时当着面试官数落现任或前任雇主和同事的不是。这样做，不但得不到同情，只会令人觉得你记仇、不念旧情和不懂得与别人相处，会招来面试官的反感。

### （三）忌说谎邀功

面试时说谎，伪造"历史"，或将不属于自己的功劳"据为己有"，后果可大可小。即使现在能瞒天过海，也难保谎言将来不被揭穿。因此，面试时应实话实说，不能以谎话代替事实。

### （四）忌准备不足

无论学历如何高、资历如何好、工作经验如何丰富，当面试官发现毕业生对申请的职位知之不多，甚至连最基本的问题也回答不好时，印象分自然大打折扣。面试官不但会觉得毕业生准备不足，甚至会认为他们根本无志于在这方面发展。面试前应做好充分的准备工作。

### （五）忌长篇大论

虽说面试是推销自己的时间，不过，切勿滔滔不绝，面试官最怕毕业生长篇大论，说个没完没了。其实，回答问题，只需针对问题重点回答。相反，有些毕业生十分害羞，不懂得把握机会表现自己，无论回答什么问题，答案往往只有一两句，甚至只回答"是、有、好、可以"等，这也是不可取的。如果性格胆小害羞，则应多加练习，以做到谈吐自如。

### （六）忌语气词过多

使用太多语气词或口头禅会把面试官弄得心烦意乱。语气词或口头禅太多会让面试官误以为毕业生自信心和准备不足。

### （七）忌过多谈论前任工作

不管你的前任工作做得如何，都不要过多谈起。一般来说，你只要说明你做过类似的工作，有相关经验即可，不必说工作的成效。如果你做得很好，为什么要离开？如果做得很差，那你个人的能力肯定有问题。总之不管怎样说，都可能会招来面试官的不满。

### （八）忌欠缺目标

面试时，千万不要给面试官留下没有明确的事业目标的印象。虽然一些毕业生的其他条件不错，但无事业目标就会缺少主动性和创造性，给企业带来损失。面试官倒情愿聘用一个各方面表现虽较逊色，但具有事业目标和热忱的毕业生！

# 第二节　求职面试礼仪

## 一、求职面试的基本礼仪

求职面试是主考官对毕业生的一种考查方法，主考官通过观察及与对方交谈得到有关资料。例如：毕业生的外表、仪态、衣着以及行为举止；辞令及应对技巧；所具有的知识、谈吐技巧或专门性的技能；待人接物的态度及生活的体验、礼仪素质；社交经验、应对能力及与人相处的能力；热诚、进取心及责任心；情绪是否稳定及个人本身的成熟程度；理想、人生观及上进心等。

所以说，面试的目的在于给有经验的主考官一个机会，观察毕业生是否具有足够的条件，让主考官运用本身的判断力、独到的眼光及心思，通过毕业生的外表、言谈、举止、个人的表现来判断他是否是适合的人选，为机构在选贤任能方面下一个准确的判断。

因此，为了营造良好的面试气氛，为了更充分地在有限的时间里恰当地表现自己，为了给主考官留下美好的印象，总之一句话，为了求职成功在握，每个毕业生都要注意求职面试时的基本礼仪。

求职面试时的基本礼仪反映了人的修养程度，有礼仪修养的人，给人以有教养、有风度、有魅力的感觉，给人以亲近感、信任感，能使求职面试活动进展顺利，为求职成功打下必需的基础。同时，招聘单位如果招聘了礼仪素质好的人才，能促进工作顺利开展，提高企业的形象，进一步增加企业的影响力和声誉。因为，卓越的经济效益来自卓越的企业，卓越的企业来自卓越的员工。具备良好礼仪素质的员工能创造出良好的企业形象，良好的企业形象能创造出经济效益。

### （一）注重仪表，树立美好形象

仪表指的是人的外表，包括容貌、姿态、风度等。形象，为形状相貌之义。这种形状相貌往往是能够引起人的思想或感情活动的具体形状或姿态。仪表形象能体现一个人的文化修养、精神面貌、审美情趣和性格特征。毕业生的形象体现为仪表美与心灵美的统一、语言美与行为美的统一、自然美与修饰美的统一。这种美不是生搬硬套的，而是一种自然流露的、独具匠心的整体美、风格美、和谐美、设计美。一个注重仪表、注重形象的人，是一个热爱生活、富于理想、工作作风严谨的人，既体现了自信、热情、认真、向上的精神风貌，也是讲究礼仪、自尊自爱和对社会、对他人尊重的表现。

### 1. 仪表与第一印象

在求职面试中，主考官首先是通过毕业生的仪表来认识对方的。在最初的交往中，仪表往往比一个人的简历、介绍信、证明、文凭等的作用更直接，更能产生直观的效果。主考官往往通过仪表来判断毕业生的身份、地位、学识、个性等，并形成一种特殊的心理定式和情绪定式，这种心理定式和情绪定式就称为"第一印象"。专家指出，一个人对另一个人的印象和观感，在初次见面时的短短几分钟内已经形成，这个"第一印象"无形中左右着主考官的判断。张某应聘顺德一家大型外企的部门主管。面试那天风很大，还下着毛毛雨，当他头发凌乱地出现在面试现场时，负责面试的公司总经理对他的第一印象大打折扣，并直率地指出：一个部门的主管，其仪表是很重要的，既要突出个人身份又能体现公司形象，因此，给了他一个不合格。张某解释一番，总经理才勉强同意他次日再来。第二天约定时间到了，不巧的是张某因塞车迟到，此次，总经理再次接受他的解释，给他一个机会。幸好这天他的头发整齐，着装得体、潇洒、稳重。更重要的是他表现出了个人的最佳状态，回答问题充满自信，而且集中表现了自己对这个职位的可胜任能力和执着追求。总经理可能是有意考验他，说自己马上要去开一个重要的会议，要求他第三天再来详谈，他接受了。第三天他如约而至，而且总经理一纸签名，聘用了他。

从这个事例可以看出，应聘高职位，能力是最重要的，但仪表举止等礼仪素质也十分重要，一个衣冠不整、不修边幅的人很容易令人联想到其工作也可能是马马虎虎、拖拖沓沓的。

### 2. 仪表美与社会环境

仪表美是人们交际时创建和谐道德环境的必要因素。在社会生活中，人们的各种活动都是在社会中进行的，仪表如何总要对社会产生一定的影响。对自己，它会影响一个人能否健康成长；对他人，它会影响到人格和利益是否得到尊重；对社会，它会影响能否保持正常的社会秩序、创建良好的社会环境。不得体的仪表，会对社会造成一种"污染"。因此，在人际交往中、在求职活动中应力求仪表端庄、温文尔雅、朴实大方、文质彬彬、不卑不亢、服饰整洁。这样既可以创造良好的社会环境，改善人与人之间的关系；也能使求职面试活动顺利进行，给主考官以美的享受。

### 3. 良好的个人形象是成功的象征

1990年，美国某大学管理学院的研究人员对《幸福》杂志所列100家大公司的高级执行经理和人事主管同时做了全面的调查。调查结果表明，英国93%和美国96%的公司经理都认为良好的个人形象对于获得成功非常重要。

我们大多数人总是希望获得成功，如果将注意力过分集中于个人形象是不可取的，但如果不关心对于成功有重大影响的个人形象问题则是愚蠢的。我们处于商品经济高度发展的时代，企业要包装，商品要包装，个人形象也要包装，个人形象反映了你对其他人的态度以及对自身价值的重视程度，反映了你的内在素质、创造能力和职业特征。糟糕的个人形象总是令自己吃亏的。

美好的个人形象，是一个人的无形资产。你的形象越好，你就会越自信，更加看重自己的价值，从而工作也更加出色，得到别人敬重的程度也就越高。这一切反过来又会促使你更加注意自我形象。如此形成良性循环。

## （二）面试的常规礼仪

### 1. 遵时守信

一定要遵时守信，千万不要迟到或违约。迟到和违约都是不尊重主考官的一种表现，也是一种不礼貌的行为。这是必备的礼仪。如果你让主考官久等，主考官必定会心烦，影响主考官及其他工作人员正常的工作，打乱他们的时间安排，同时有损自己的形象，你在面试中的表现再好也会打折扣。特别是外国老板最讨厌做事不守时的人，已经雇用的职员如上班不守时，随时都有被解雇的可能。你面试不守时，又怎么可能被录用呢？

### 2. 对接待人员以礼相待

对候试室或面试室门口的接待员要以礼相待，注意细节，恰当地表达礼貌，不要忘记向他多说几声"谢谢""请您"之类的客套话。比如接待员如果说："请你在这里稍等好吗？"你就应该回答："好，我很乐意这么做。"有人端茶给自己，应起立用双手接，并向人道谢。在等候面试期间，应端坐在人家指定的地方，不可到处走动，东张西望，表现出急不可耐。越是坐等得久，越要注意，也许招聘者正在考查毕业生有无耐心。如果有人来请你进去面试，也要致谢。

总之，在等候时，不要旁若无人，随心所欲，对接待员熟视无睹，自己想干什么就干什么，给人留下极其恶劣的印象。要把接待员当主人看待，也许接待员就是公司经理的秘书、办公室主任或人事部门的主管人。如果你目中无人，没有礼貌，在决定是否录用时，他们可能也有发言权。所以，你要给所有人留下好的印象，而并非只是对面试的主考官。

### 3. 关于手机

见面时，自觉将手机调到震动或关掉。

### 4. 入室时先敲门

如被传召，在入面试室时应先敲门。即使面试房间的门是虚掩的，也应敲门，千万别冒冒失失推门就进，给人鲁莽、无礼的印象。敲门时要注意敲门声的大小和敲门的速率。正确的是用右手的手指关节轻轻地敲三响，问一声："可以进来吗？"待到允许后再轻轻推门而进。进门后，转身静静地把门关好，动作轻便，尽量不发出声音。

### 5. 相逢微笑

"相逢开口笑"是一种常用的见面体态语。毕业生在踏入面试室，与主考官四目交投之时，便应面露微笑。如果有多位考官，应环视一下，面带微笑，以眼神向所有的人致意。调查研究发现，陌生人在互相认识时，会首先留意对方的面部，然后才是身体的其他部分。面带真诚、自然、由衷的微笑可以展示一个人的风度、风采，表现出内在的自信、友好、亲切和健康的心理，有利于毕业生塑造自我形象，给人留下美好的印象，易于赢得好感，对面试结果有利。

### 6. 招呼问好

毕业生应主动地微笑着向主考官点头、打招呼，礼貌地问候："您好！"或"大家好！"。如果你一入室，便听到主考官亲切、热情地问候"你好"或"很高兴见到你"等，则应该视情况回答"您好"或"见到您我也很高兴"或"感谢您给我这次面试的机会"之类的话。这是一种起码的见面礼节，见到主考官不打招呼或别人向你打招呼而不予回答，都是一种失礼行为。

### 7. 别贸然握手

进到面试室，行握手之礼，应是主考官先伸手，然后你单手相迎，右手热情相握。若你拒绝或忽视了主考官伸过来的手，则是你的失礼。若非主考官主动先伸手，你切勿贸然伸手与对方握手，这是基本的礼仪。

### 8. 听到"请"再入座

进入面试室不要自己坐下，要等主考官请你就坐时再入座。对方叫你入座，应表示谢意，并坐在主考官指定的椅子上。如果椅子不舒适或正好面对阳光，你不得不眯着眼，那么最好提出来，可以说："光线直射我的眼睛我看不清您。如果您不介意，我打算换个座位。"如果没有特意为你留座位，你可以选一个与面试人面对面的位置，这样在交谈时可以直视对方，而不必在座位上将身子扭来扭去。坐下时，注意坐姿端正，女士应先用手在背后扫一扫裙子，以免坐下时裙子叉开不雅观，然后将手袋放在大腿上。

### 9. 递物大方得体

带上个人简历、证件、推荐信等必要的求职资料，见面时，一定要保证不用翻找就能迅速取出所需资料。如果要送上这些资料，应双手奉上，表现得大方和谦逊。

## （三）自我介绍的礼仪

在求职面试过程中，假如对方没有收到你的求职资料，那么，一见面，主考官会首先让毕业生进行自我介绍。只有通过自我介绍，才能让主考官建立起对你的印象，继而达到让主考官了解并接受你的目的。如果在自我介绍时吞吞吐吐，即使你学业再好，工作经验再丰富，特长再多，动手能力再强，也必将使用人单位对你的印象大打折扣，继而怀疑你的实际能力，从而失去竞争优势。因此毕业生在做自我介绍时，应注意自我介绍的礼仪。

### 1. 自信大方

自我介绍时要充满自信，落落大方，态度诚恳。只有自信的人才能使他人另眼相看，才能有魅力并使人产生信赖的好感，如果流露出羞怯心理，则会削弱对方的信任感。

有个毕业生自我介绍道："俗话说'胆小不得将军做'，对此，我却不敢苟同，有例为证：汉代韩信为渡过险境，忍了街上小人的胯下之辱，可谓胆小，但是最终却成了将军。本人素以胆小著称，却偏有鸿鹄之志，故斗胆前来应聘，我自信能够胜任酒店的这份工作。"言辞之间，充分展现了毕业生的聪慧与自信，有一定的吸引力。

### 2. 表述要富有幽默感

自我介绍中，适时融入幽默的语句，易于赢得好感，诙谐的真话、笑话，比庄重严肃的表白更深入人心。

### 3. 注意自谦

神态得意洋洋，目光咄咄逼人，大有不可一世的气势，这种态度的自我介绍不过是孤芳自赏,只能给人留下骄傲自大的印象。正确的方法是在说"我"字时语气平和,目光亲切,神态自然,这样才能从"我"字中让人感受到你的自信、自立、自尊而又自谦的美好形象。

### 4. 内容要有针对性

毕业生自我介绍的目的是让主考官对自己有充分的了解和认识,从而判别毕业生能否胜任应聘岗位。因此,毕业生必须针对应聘岗位有针对性地重点介绍相关的学历、经历、能力及个性特征,而且要言之有物,切忌用鉴定式的语言、大而空的套话来勾画自己,切忌自我炫耀。

### 5. 缺点要点到为止

毕业生的自我介绍主要是展示自身优势,从而赢得主考官的好感、信任与支持。如果缺点介绍得过多,容易导致求职失败。

一位毕业生在介绍自己的缺点时说:"本人少言寡语,性情古板,不擅交际,协调能力差,有惰性,谨小慎微,缺少开拓创新意识,难以开展工作。"如此缺点十足,这也不行,那也做不好,那还要你干什么?结果可想而知。而有的毕业生在自述了优势之后言明:"我深知自己还有不适合这份工作的另一面,但是有在座各位的支持和同事们的配合,我有信心做好工作。"言简意赅,既承认有不足,又含而不露,恰到好处,点到为止,毫无自我贬低之意。

### 6. 准备充分

求职前应把自我介绍的讲稿写好,背得滚瓜烂熟,转化为自己的知识。在求职面试前如果你感到紧张,可事先在镜子前做一些练习,或请同学、家人、朋友指正,通过彩排来掌握自我介绍的技巧。

## (四)仪容礼仪

仪容主要指一个人的容貌,包括身体、头发、面部、手部及个人卫生等方面。每个人都应该了解一些仪容修饰的基本常识。求职时要讲究仪容清洁,这是人与人顺利交往,并获得成功的必要条件。

### 1. 仪容清洁

#### (1)身体清洁

面试时,毕业生和主考官的距离一般不会很远,如果你身上散发出汗臭味,主考官闻到了肯定会反感,这就会影响面试效果。因此,面试前一定要洗个澡,换上干净衣服和鞋袜,保持体味清新,这样也可以使你更加精神抖擞。另外,可以在身上适度地喷些香水,香水既可驱散其他气味,又可沁人心脾,醒脑提神。

#### (2)脸部清洁

脸是人体经常外露的部分,是每个人对外的"窗口",通过观察一个人的脸,可以判断出是此还是彼。主考官在观察的同时,不仅能看到脸蛋和高耸的鼻子,还能观察出毕业生脸部的卫生状况。因而,毕业生在面试前要清洗掉脸上的污垢和汗渍,否则主考官一定会毫不留情地扣分,因为这很难与专业化、严肃、认真的工作形象相联系。

#### (3)口腔清洁

注意养成良好的口腔卫生习惯。面试前不要吃洋葱、大蒜、韭菜等带有强烈异味的食物，也不要抽烟饮酒，以免口腔的异味引起主考官的反感。

应多注意口腔卫生，坚持早晚认真刷牙，饭后漱口，不暴饮暴食，多吃清淡食物，戒掉烟酒。每日早晨，空腹饮一杯淡盐水。必要时，可以用嚼口香糖来减少口腔异味。不过应提醒的是，在主考官面前边说话边嚼口香糖是不礼貌的，应该避免。

（4）鼻子的清洁

鼻子是面部最突出的部分，居于五官中心部位，对整个面部的形象提升起着不可忽视的作用。如鼻毛过长、过旺，甚至长到鼻孔外面，看上去就会不够整洁，有碍美观，影响"面容"，可以在面试前用小剪刀剪短，不要去拔，以免损伤鼻腔内皮肤。另外，不要在人前用手挖鼻孔，这样既不文明，也不卫生。

（5）头发清洁

头发不仅能够保护头皮，而且能很好地装饰头部。一头亮而柔软的头发是青春活力的象征，再加上恰当的护理和修整，能对面部起到衬托作用。蓬头垢面既不雅观，更不礼貌，是仪容美的大忌。头发要干净，不要密布头皮屑，不要有异味，特别是夏季出汗较多，头发上散发着馊味是不文明的，应及时洗发。女同学如果要烫发，最好在面试前一个星期左右做，以免带着浓烈的烫发药水味。平时头发要梳理整齐，不可以披头散发，不可以留怪异发型。肩背上不应有散落发屑。

（6）手的清洁

手也是能显露高雅气质的器官。手部的美经常体现在手的外形、指甲的外形、皮肤的状况等方面。手是你参加社交活动的一个组成部分，在人的仪表中，手占重要的位置，同时也是求职礼仪中仪容仪表美不可忽视的一个方面。要保持指甲清洁，微呈弧形，呈现粉红色。指甲要及时修剪整齐，不留长指甲，不对指甲过于修饰。涂指甲油时应考虑指甲油的色彩与你所穿服饰、化妆、职业场合的协调。清洁的双手能给人以美感，能增添主考官对你的好感。

（7）胡须的清洁

我国的当代风俗习惯是，如果不是老人或职业上的特殊需要，男子一般不蓄胡须。男子求职面试时要把脸刮干净，以容光焕发，充满活力。当今有些年轻人，盲目留长发、蓄胡须，认为这才能显示出男子汉风流倜傥的雄姿，其实乱蓄胡须留给人的印象恰好相反，只是怪异。

2. 克服面部不良的习惯性小动作

①皱眉。本来舒展的眉目，却有事无事、大事小事都皱着眉头。

②眯眼。有些爱漂亮的年轻人，往往眼睛近视也不愿配戴眼镜。由于近视，看东西时眼肌紧张，便不由自主地眯起眼睛来。

③咬唇。有的年轻女子生气的时候，喜欢紧咬下唇，似乎显得纯真可爱。其实，咬唇的习惯是不好的。

④咬物。有些人有咬物的习惯，如专心学习时咬笔杆，无尽遐想时咬手指。咬物是一种不良习惯，不但不卫生，时间长了，也会影响牙齿的美观。

⑤做怪脸。撇嘴、歪脸、挤眉弄眼等小动作，虽然可以反映出一定的内心情绪，但如果形成习惯，就会使经常扭曲的部位产生固定的皱纹。长此以往，使面部表情变得不甚雅观。

⑥挖鼻孔。一些人经常挖鼻孔，这样会掉鼻毛，损伤鼻黏膜，不能有效地阻挡尘埃进入，也容易形成溃疡，而且久而久之，易使鼻孔扩大，甚至朝天，使本来挺端正的鼻子，在不经意中变得难看。

## （五）服饰礼仪

### 1. 穿衣不得随便

穿着得体是一种礼貌，也是一种礼仪要求，它体现了一个人的文化素质和文明程度，也体现一个人对他人、对社会的尊重态度。因为人具有社会属性，只有重视别人，才会在衣着方面花心思。一位刚踏出校门的毕业生穿着休闲衫和牛仔裤去参加某公司的就业考试，他认为这身装扮一定会给主考官留下一个充满活力的印象，却没有注意应有的社会常识，就自然地被淘汰了。因为就公司方面来说，服装可说是衡量一名毕业生有无社会常识及礼貌的先决标准。对于刚刚踏入社会的毕业生来说，必须先学习社会礼仪，才能增加被录取的机会。

### 2. 穿着力求舒适

穿着在得体之余，还要力求舒适，包括精神上和肉体上的舒适。舒适与否是求职成败的重要决定因素。再也没有比发现身上穿的裙子一坐下就合不拢或高领的上衣令你汗流浃背更糟的事了。穿得舒适，是精神上舒适的保证。不宜穿刚买的衣服，那样会使你觉得不自然。

### 3. 着装反映心理

好的着装效果能带给你好的心情，有了好的心情，也就有了自信，谈吐、举止才会落落大方，才能展示你内在的气质美。内在美与着装美相得益彰才是完整的美。它有助于你面试的顺利与成功。

有一位男士，他自称已辞去工作，在经商，且很红火。可他身穿一件又黄又软的白衬衫，领口还起毛，皮鞋也很旧，还有灰尘。他的衣着出卖了他。他连经营一下自我形象的心思都没有，怎么可能一帆风顺？

### 4. 求职时应避免的着装

①穿裙套装配跑步鞋。
②短的风衣下面穿过膝的各式裙子。
③休闲装或风衣，配西装裙。
④在套装外面穿工作制服。
⑤冬天穿质感轻、薄的直身长裙。
⑥露肩、露背、露脐装，穿超短裙、健美裤，内衣外穿。
⑦丝质透明外套内配颜色古怪或残旧的内衣，内衣边线不恰当显露。
⑧穿白色裙、裤时，内穿深色内裤。
⑨上衣和裤子的基本色超过三种。
⑩轻易卷起西装的袖口。
⑪白天穿金色闪光的衣服。
⑫男子穿得过分花哨。

⑬穿太紧或不合身的衣服。

⑭服装脱线，丝袜走丝。

⑮男士着正装，袜子太短，颜色不适。

⑯色彩反差过大或搭配极为土气的衣服。

⑰全身伪名牌。

⑱手袋和鞋子颜色不协调。

⑲佩戴的首饰太耀眼、太夸张、太廉价。

⑳穿晚礼服、运动服或休闲服。

㉑男士领带颜色与服装不和谐。

㉒衣服颜色太多，图案太复杂，花边饰物太繁杂。

㉓皮鞋不干净，鞋带散乱。

㉔同时戴上几款戒指。

总之，毕业生应重视着装礼仪。现代服饰不仅仅是人们的外在包装，也是一种文化、一种观念、一种能够影响许多人意识的社会文化心理。它不仅反映了一个国家、一个民族的政治、经济、文化、思想、意识的某些迹象，更反映了一个人的思想、文化、修养、兴趣、爱好，以及内心的欲望、追求等，是一种无声的、特殊的语言。因此，掌握和运用服饰这一特殊语言，是求职者不应忽视的一个重要方面。

研究表明，毕业生的外表、着装对于求职的结果有着直接的影响作用。因为你的形象不仅代表你自己，更重要的是还将代表公司、单位。这种"以貌取人"的做法似乎很肤浅，其实不然，我们生活在一个高度竞争的社会中，每一家公司、每一个单位都在力争上游。也正因为如此，多数公司或单位都力求找到能够提升公司、单位形象的最佳候选人，这些候选人不仅应能胜任工作，而且还应有良好的形象。

## （六）举止仪态

举止仪态是指人的表情、姿态和动作，是一种无声的语言。它自然流露了一个人的气质风度、礼貌修养和所要传达的信息，是一个人品质、知识、能力等内在因素的外在反映。表情是人体语言最为丰富的部分，是人的内心情绪的流露，人的喜、怒、哀、乐可通过表情来体现和反映。表情有面部表情、声音表情、身段表情三种，其中最主要的是面部表情。下面就举止仪态做一概述。

### 1. 眼神的礼仪规范

眼神是面部表情的核心，是心灵的窗户。在求职面试的过程中，毕业生的眼神运用得当，有助于融洽气氛、交流思想、增进感情、加深印象。反之，轻则导致拘谨，重则产生误会，因此有必要明确眼神运用的各种礼仪要求。

①用目光注视对方时应自然、稳重、柔和，这是一种坦荡、自信的表现。

②注视的时间不可过长，可偶尔将视线移开一下，但不能移开太久，自始至终地注视对方是不礼貌的。

③不能死盯住对方某个部位，或不停地在对方身上上下打量，或东张西望，这是极失礼的。

④眼神应是诚恳、友善的，表示对对方的尊重和友好。

⑤谈话时不应眯眼、斜视、闭眼或目光游离不定。目光涣散，是傲慢、胆怯、蔑视的表现，是求职面试时忌讳的眼神。

⑥当别人难堪时，不要去看他；休息时或停止谈话时，不要正视对方。

⑦对女子来说，一般要求说话时不要牵动眉眼、频繁眨眼、挤眉弄眼、目光游离等，这些都是有失文雅、很不得体的。

### 2. 表情自然诚挚

与人说话表情要自然诚挚，语气要亲切，言辞要得体，态度要落落大方。为了吸引听者的注意力，应适当使用声音表情，使言谈显得生动和增强感染力。在说话中也可以加进一些身势语，但动作不要过大，更不要手舞足蹈和用手指人。

另外要注意的是，在说话时不可面露谄媚的表情。如果企图以鄙薄自己来取悦对方，无异于降低自己的人格，这会使对方轻视自己。只有不卑不亢，才有利于双方平等地交流思想感情，并获得对方的信任和尊重。

### 3. 面带笑容

面带笑容，是一种友善、自信、尊重他人的表现，会使对方心理上感到轻松，增强交流的融洽气氛。当然，笑也要掌握分寸，如果在不该笑的时候发笑，或者在只应微笑时大笑，有时会使对方感到疑惑，甚至认为你是在取笑他，这显然也是失礼的，所以不可不慎。

### 4. 避免不良反应

有的毕业生一见到主考官就立即会出现脸红、干笑、颤抖等不良反应。有的人还会出现喉头颤抖、发音吐字不清，甚至全身发软、突然失声等现象。有的人在谈话过程中始终不敢抬头，眼睛不敢往上看；有的人目光过于向上，时时翻着白眼；有的人虽然目光位置没大毛病，却不敢与主考官对视，一有对视，马上躲闪。这种种不良反应，都是缺乏自信的表现，应该避免。

### 5. 对不同考官的表情

毕业生对于每一个考官的提问都应一视同仁。有的面试会有好几个考官，不仅要对居中坐者认真，对旁边的辅助考官也要认真，因为坐在旁边的辅助考官可能会插问较难的问题，这时应首先将身体面对他，以示认真对待，这种姿势往往极为有效。因为他的职责是辅助考官，地位不易受重视，现在你一听他的发问就马上面对他，会使他觉得你对他很尊重，能赢取较多好感和分数。

面试时可能会遇到一个专横的考官，用普通的方式反而行不通，不妨表现自己的个性，有一种"豁出去"的心态，反而有效。对年轻的主考官一定不要掉以轻心，反而要十分小心，因为他们有年轻人的机智和广泛兴趣，大都是有一定能力、有一定思想的人，遇到他们，更要重视礼貌，千万不可轻视，否则一定会吃亏。

### 6. 行为端庄

①站姿是求职面试时基本的举止之一，优美、典雅的站姿能给主考官留下美好的印象。正确的站姿是：其身形应该正直，头颈、身躯和双腿应当与地面垂直。女子双脚并拢，男子双脚并拢或双脚叉开与肩同宽。两肩相平，两臂和手在身体两侧自然下垂或双手在小腹前交叉。下颌微收，胸部稍挺，眼睛平视，环顾四周，嘴微闭，面带笑容，小腹收拢，整

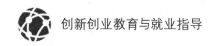

个形体显得庄重、平稳。

无论男女，面试站立时都要防止身体东倒西歪、摇头晃肩、重心不稳，更不得倚墙靠壁，弓腰弯背，无精打采，或双手叉在腰间、环抱在胸前，貌似盛气凌人，令人难以接受。

②坐姿是求职面试时基本的举止之二，良好的坐姿会让主考官觉得你是个彬彬有礼的人。正确的坐姿是：上身正直，头平正，两肩放松，脖子挺直，下巴向内收，胸部挺起，双手自然地放在双膝或椅子扶手上。女子双腿一定要并拢，可斜放一侧，双脚可稍有前后之差。男子双膝可略微分开。不要跷二郎腿，不要随意抖腿，否则主考官会认为你自高自大，没有修养。女子入座时要把身后的裙子抚平，否则不雅。入座时要轻稳，从容不迫，坐下后应该安静，忌在椅子上前倾后仰。

③走姿是求职面试时基本的举止之三，应步态快而有力，给人坚定而有远见的印象。正确的走姿是：男子两眼平视前方，挺胸收腹直腰，两肩不摇，步态稳健，刚强雄健。女子头部端正，目光柔和，直视前方，挺胸收腹直腰，两手前后摆动的幅度较小，步态自如、匀称、轻柔，显示出端庄、文静、温柔、典雅的女子窈窕美。

走姿忌左摇右摆、左顾右盼、弓腰腆肚、俯首驼背或八字脚等不良姿势，这会给人缺乏修养的印象。走姿还可以反映毕业生某方面的素质。例如，步伐轻松活泼者，工作效率高而且有领导才能；腹、腰、脚掌心用劲，一步步用力踩的人，为人非常可靠，做事平稳务实，但缺乏冒险精神；慢慢走的人，性子不急，做任何事都会慢半拍，但个性随和，容易与人相处。

7. 举止小节

①除公文包或小皮包、面试资料外，其他东西不必带入面试办公室，可以把它们留在接待室，让接待人员代为保管。

②不抽烟，即使主考官抽烟或请你抽烟，你也不能当真抽起来。

③不能向主考官借用电话和接考官办公室的电话。如果你必须打电话，可向其他接待人员提出请求。一位应聘者在面试时，办公桌上的电话铃刚响两下，他便急急忙忙去接电话，并大声地问："你是谁？是哪里的呀……"连续讲了几分钟，才对主考官说："这是食品公司黄经理打来的电话，找你。"这样，这位应聘者给考官留下了一个不礼貌、好奇心重、多管闲事的印象。结果被婉拒了。

④避免随地吐痰、扔杂物纸屑、讲话唾沫横飞、交谈时嚼口香糖等不良习惯。

⑤不要在主考官面前挖鼻孔、掏耳朵、揉眼睛、剔牙齿、抓头皮、摆弄手指、伸懒腰、弹身上的灰尘、整理内衣和重整发型等。

## 二、应聘时其他注意事项

### 1. 不要结伴而行

无论应聘什么职位或工种，独立性、自信心都是招聘单位对每位应聘者的基本素质要求之一。应聘时结伴而行，给主考官的印象是你自信心不足，缺乏独立性，容易遭到淘汰。

有一个人和女友一起前往应聘，当然女友是旁观者。会见主考官时该人将女友介绍给主考官，主考官也并未做某种特别反应，但眼神已流露出不满意。面谈开始，主考官问了几个问题，不料这位应聘者答问时不很清楚，其女友便做了补充。面试结束后，主考官与同事开玩笑说："他的那位参谋倒还不错。"

小惠是个大四的女学生，才貌双全，在班里常常是数一数二的。一次，有新合资企业招聘公关人员，小惠怕自己六神无主，就硬拉着母亲陪她去应试，结果老板对她根本不予考虑，理由是："考试也要妈妈陪着，今后怎么能单枪匹马搞公关？"

### 2. 注意小节是最好的介绍信

一位先生在报纸上登了一则广告，要雇一名勤杂工到他办公室做事。有50多人闻讯前来应聘，但这位先生却只录用了一个男孩子。朋友问他原因，他说："他在门口蹭掉脚下带的土，进门后随手关上了门，说明他做事仔细。当看到那残疾老人时，他立即起身让座，表明他心地善良，体贴别人。进了办公室他先脱去帽子，回答我提出的问题干脆果断，说明他既懂礼貌又有教养。当我和他交谈时，我发现他衣着整洁，头发梳得整整齐齐，指甲修得干干净净。我认为注意小节就相当于一封最好的介绍信。"

### 3. 保持一定距离

面试时，毕业生和主考官必须保持一定的距离。应留有适当的空间，不适当的距离会使主考官感到不舒服。如果应试人多，招聘单位一般会预先布置好面试室，把应试人坐的位置固定好。进面试室后，不要随意将固定的椅子挪来挪去。有的人喜欢表现亲密，总是把椅子往前挪。殊不知，这是失礼行为，而且主考官也是讨厌这种行为的，他们不喜欢别人坐得离自己太近。如果应试人少，主考官也许会让你同坐在一张沙发上，这时，你就应该界定距离，太近了，容易和主考官产生肌肤接触，这是失礼行为；坐得太远，则会使主考官产生一种疏远的感觉，这就会影响沟通的效果。

### 4. 不卑不亢

求职面试的过程也是一种人际交往过程，求职双方都应用平和的心态去交流。对于毕业生而言，应该不卑不亢。有的毕业生一副胜券在握的派头，在主考官面前表现出超常的优越感，不该答复的抢先作答，不该发问的大胆发问，举止言行大大超"俗"，似乎不是在求职而是在表演，考官倒成了观众，其应聘结果可想而知。

不卑不亢，必须建立在自信、自尊、自重的基础上。既不卑躬屈膝，又不高傲自大；既不妄自菲薄，又不盛气凌人，与人交谈要豁达开朗、坦诚乐观、谨慎而不拘谨。

### 5. 举止要大方

举止大方是指举手投足自然、优雅，不拘束，从容不迫，显示良好的风度。

某女大学生到某公司应聘，由于社会阅历、人生经验不够丰富，她总是显得放不开，很像在课堂上回答不出老师提问的小女孩。坐下后，手足无措，一双手搁在台上也不是，放下去也不是，只好时不时折一下自带的个人资料，搓一搓衣角。在回答问题时，思路、表达都不错，但主考官的眉头却始终舒展不开，到最后，女孩回答完问题后竟用手捂住了嘴，令人觉得特别不雅观、不自然。最后她被礼貌地拒绝了。主考官说："其实她的素质还是不错的，学的专业又对口，学历也可以，美中不足的是不够大方，举止不得体，那些小动作是影响个人气质进而影响公司整体形象的。试想如果录用了她，在和客户洽谈时，她这么来几下，还不把公司的招牌给砸了。"

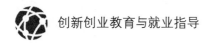

### 6. 保持轻松自如

任何人在面谈时，要面对一个或几个可以影响自己前途的陌生人，多少都会有压力、会紧张。因此，应答时应尽量减轻压力，放下包袱，轻松上阵。你要明白，接到聘用单位面试通知，你已经有了 50% 的把握，剩下的机会要看你怎样现场发挥了。别人不一定比你好，只要尽自己所能，发挥到最好的水平，就能如愿以偿。

### 7. 善于思索，争取主动

一般来说，用人单位不希望录用的是只能按事照办，老实听话，工作呆板，遇事无措，缺乏主动性，缺乏创新精神，缺乏思考能力的人员。因此，毕业生应培养自己闪光的灵气，善于思考问题，积极主动，把握机会，将已有的观点、想法及时提供给用人单位，以充分展示自己在就职工作及某些方面的才能，赢得主考官的重视。

### 8. 诚实坦率

任何人都不可能是万能的。在面试中遇到实在不会回答的问题，就应坦诚地回答："这个问题我没有思考过，不会回答。"这样反倒给主考官留下诚实、坦率的好印象。不要支支吾吾或不懂装懂，否则主考官进一步追问，情况会更糟。

有一名大学生到人才市场求职，某单位主考官问他高考分数，他支吾其辞，主考官当即把简历退回给他。这位同学为失去这次机会而后悔不已，其实他高考成绩不错，超出重点分数线十几分，考上北京某重点大学。只是他觉得比起其他同学，自己还有一段距离，不好意思把成绩说出来，稍一犹豫，主考官以为他要花枪，为人不老实，便把他拒之门外。

## 三、告别礼仪

### （一）小心处理薪金问题

薪金一来是单位吸引人才的重要手段，二来也是毕业生的追求目标之一。因此，告别时，薪金问题，是一项必须明确的问题，不管情况怎样，薪金问题必须解决，而且最好应在正式录用之前解决。假如薪金谈不拢，可以投向其他单位，以免为将来工作埋下矛盾的伏笔，既浪费了时间，又可能错失其他良机。

### （二）主动告辞

当双方的意愿都表达得差不多时，毕业生听到主考官说"今天就谈到这里""你的情况我们已经了解了，你知道，在做出最后决定之前，我们还要面试几位申请人""我很感谢你对我们公司这项工作的关注""谢谢你对我们招聘工作的关心，我们一旦做出决定，就会立即通知你"等话语，就可以主动告辞，告辞时要有礼貌。

### （三）告辞时的礼节

①如果被录用也不用过分惊喜，应向主考官表示感谢，希望今后合作愉快。
②若结果未知，则应再次强调你对应聘工作的热情，并感谢对方抽时间与你交谈。
③表示与主考官们的交谈获益匪浅，并希望今后能有机会再次得到对方进一步的指导，有可能的话，可约定下次见面的时间。

④戒言词过分。不要使用"拜托您啦""请多关照"这些词句，以免使对方感到你实力不足。

⑤失聘不失态。即使在求职无望的情况下，也应及时结束谈话，而不应申辩理由，强行"推销"自己。最后，都应面带微笑，感谢考官花时间与你面谈，这样才真正不失体面。

总之，应聘活动是一个双向选择的活动，很难说一定能成功。毕业生要把求职面试看作锻炼能力和意志的舞台，胜不骄，败不馁。

### （四）告别时可以主动与考官握手

#### 1. 注意握手的先后次序

握手的先后次序，是根据握手人双方的社会地位、身份、性别和条件来确定的。其基本原则是：上级在先，长辈在先，女士在先。若你要与多人握手，最有礼貌的顺序是：先上级，后下级；先长辈，后晚辈；先女士，后男士。也可按座位的先后顺序，从左到右或从右到左。

#### 2. 握手时的注意事项

①在面试室内不能戴着帽子和手套与人握手。

②握手时不能精神不集中，四处顾盼，心不在焉。

③忌长时间不放手，周围还有其他考官，而你只顾与一人握手，忽视或冷淡其他人。

④不要交叉握手。当两人互握手时，从别人两手之上，伸手与对面的人握手，这是十分失礼的。

⑤忌敷衍了事，应付对方。

⑥如果主考官主动伸出手与你握别，你自己出手时应快，不应慢慢腾腾。

⑦握手后用手帕擦手，也是失礼行为。

⑧不能一只手插在口袋里，另一只手与人握手；也不可点头哈腰与人握手。

⑨男士与女士握手，时间要短些，用力要轻些，不要拉住对方忘了松手或用力握手来显示自己的热情。

⑩与数位考官握手时，握手时间大体相同，不要厚此薄彼；不可用双手与对方握手，以免显得过分热情，让人不敢恭维。

⑪握手时，应显得大方、得体。

总之，如果毕业生在求职及面试活动中注意以上礼仪，这就为你求职的成功创造了必要的条件，也可以说是你走上成功之路的开始。

思考：

①面试前应准备什么？

②面试中的服饰礼仪都有哪些？

③面试告别应注意的问题有哪些？

# 第十章 大学毕业生就业程序

## 第一节 就业相关资料的填写说明

### 一、《普通职业院校毕业生就业推荐表》填写说明

《××省普通职业院校毕业生就业推荐表》（以下简称《推荐表》）是学校对毕业生在校期间情况的反映，是供毕业生向用人单位推荐就业时使用的。因此要求毕业生、各教学单位严肃认真对待，保证填写质量。各教学单位要做好填写的指导，严格把关。填写的具体要求如下：

①用黑色（蓝黑色）钢笔或签字笔如实填写，字迹要清晰端正，不出现错别字，不涂改。

②填写前要认真阅读《推荐表》扉页的"说明"，按要求填写。

③相片用小一寸的免冠照片（彩色、黑白均可，以彩色为宜）。

④"自我鉴定"内容要充实详细，包括本人在校期间德、智、体等各方面的主要表现及自我评价，不能三言两语马虎应付。

⑤"本人求职意愿"由学生本人根据自己的实际求职情况填写。

⑥"院系推荐意见"一栏由各系负责人填写（或指定人员具体负责填写），加盖各系公章。要概括地、实事求是地反映和评价该生在校期间德、智、体等各方面的表现，突出优点、特点，不足之处用提希望的形式指出。

⑦在系里加盖公章后，以班或系为单位到学生处就业指导中心加盖"同意推荐"章及学校公章。

注：《推荐表》为每毕业生一份，学生求职时一般使用《推荐表》的复印件。

### 二、《职业院校毕业生登记表》填写说明

《××省职业院校毕业登记表》（以下简称《登记表》）是毕业生在校期间的情况汇总，也是毕业生档案中的一份重要材料，因此要求毕业生严肃认真地对待，保证填写的质量，各教学单位要做好填写的指导与督促工作，严格把关。填写的具体要求如下：

①用黑色（蓝黑色）钢笔或签字笔填写，字迹要清晰端正，不出现错别字，不涂改。

②填写前要认真阅读《登记表》中的"填写说明"，按要求填写。

③相片用小一寸的免冠照片（黑白、彩色均可）。

④"自我鉴定"内容要充实详细，包括本人在校期间德、智、体等各方面的主要表现及自我评价，不能三言两语马虎应付。

⑤"班组鉴定"由班主任牵头，组织班委填写。要预先起稿，班主任必须检查把关，要概括地、实事求是地反映和评价该生在校期间德、智、体等各方面的表现，突出优点、特点，不足之处用提希望的形式指出。

⑥"院系意见"一栏由各系负责人填写（或指定人员具体负责填写），加盖各系公章、负责人签名。内容是核实毕业生填写内容是否属实，并根据班组鉴定意见综合概括。

⑦"学校意见"由学校毕业生就业指导中心送学校统一加盖学校公章。

⑧在填写过程中，如有不符合某些栏目内容的，一律填写"无"。

## 三、大学毕业生就业协议书的签订说明

目前，职业院校使用的就业协议书是由教育部职业院校学生司统一制定的，由学校、毕业生、用人单位三方共同签署后生效。它具有一定的广泛性和权威性，是学校制订就业方案、用人单位申请用人指标的主要依据，对签约的三方都有约束力。有些用人单位从自身工作考虑也制定了条款不一的就业协议或就业合同，有的由学校、毕业生和用人单位共同签署，有的则只有用人单位和毕业生双方签署，没有学校意见栏。由于现在就业形势严峻，许多毕业生在签订就业协议书的同时还要被迫签订条件苛刻的合同，而它们之间有时是相互矛盾的。

签订流程如下：

①毕业生和用人单位达成协议并在就业协议书上签名盖章，用人单位应在协议书上注明可以接收毕业生档案的单位名称和地址。

②用人单位须经主管部门同意的则应报上级主管部门批准。

③用人单位或毕业生将协议书于当年6月初送到学校毕业生就业工作部门，由就业工作部门向省就业指导中心上报派遣计划。

④如有其他约定事项可在协议书"备注"内容中加以补充确定。

毕业生就业协议一经订立，就对当事人具有约束力，一方不得随意解除，否则应承担违约责任。毕业生可与用人单位在就业协议中就解除条件做约定。约定条件一旦成立，毕业生可依约解除协议，而无须承担违约责任，避免产生经济损失或其他争议。

签订《职业院校毕业生就业协议书》是非常严肃的事情，也是一个法律行为，因此签订前的了解洽谈十分重要。毕业生应详细了解用人单位的情况，一般包括单位的规模、效益、管理制度等；单位的隶属也很重要。国家机关、事业单位、国有企业一般都有人事接收权；民营企业、外资企业则需要经过人事局或人才交流中心的审批才能招收职工，就业协议书上应签署他们的意见才能有效。毕业生还应对不同地方人事主管部门的特殊规定有所了解，除协议书外，如北京市非本地生源进京还应经过市人事局大学生处的审批，上海市、广东省、福建省等也有类似的规定。

签订《职业院校毕业生就业协议书》的一般程序为：毕业生持用人单位的接收函到院系领取就业协议书，先由毕业生、院系在协议书上签署意见后交用人单位，由用人单位签

署意见后再交给学校，学校签字后协议书生效。

一般到用人单位报到后，毕业生和用人单位要签订劳动合同，因此在签订劳动合同前了解劳动合同的内容是十分必要的，尤其重要的是劳动合同的工作年限、待遇等。毕业生应保留就业协议书副本，以免报到后发生纠纷，遭受损失。

为避免到用人单位报到后发生纠纷，已经达成的收入、住房和保险等协议最好在就业协议书中写明。如果报考了职业院校或准备出国，应事先向用人单位讲明，并写在就业协议书中。有些毕业生向用人单位隐瞒实情不可取，也会带来许多麻烦。

当签订就业协议书或劳动合同遇到问题而犹豫不决时，应首先学习《中华人民共和国劳动合同法》和《中华人民共和国劳动法》，或及时向学校主管就业的老师询问，征求他们和父母的意见，经过深思熟虑后方可决断。

# 第二节　毕业生就业程序

## 一、毕业生就业基本流程

全国普通职业院校毕业生就业工作程序和时间安排由教育部统一部署。中央各有关部委和各省、自治区、直辖市按照教育部的统一部署指导和管理所属职业院校毕业生就业工作。一般的工作程序为：就业指导、政策咨询、收集发布需求信息；统计、汇总毕业生资源并报教育部；进行毕业生资格审查；供需见面双向选择，签订就业协议书，学校汇总；就业协议书鉴证；制订就业方案；毕业生鉴定、派遣、调整、接收工作。以上各个阶段的工作均按照国家和省有关政策规定有序地进行。

一般来说，寒假前后一个月左右，毕业生进入就业行动阶段。这一阶段，用人单位对大学毕业生的需求信息将不断出现，一直持续到毕业生派遣前一段时间。毕业生通过社会发布的就业信息参加就业招聘活动，了解用人单位的招聘专业和条件，参加用人单位的面试和笔试，收到用人单位的录用通知书，与用人单位签订就业协议书等。与用人单位的就业协议书签订完毕，毕业生的就业行动暂时告一段落。从 7 月 1 日开始学校根据毕业生的就业协议，向毕业生核发就业报到证，办理户口迁移等有关手续，毕业生根据就业报到证上的单位、地点和时间，到录用单位报到就业。

## 二、毕业生就业工作时间安排

具体安排如下：
①填写《推荐表》，交各系辅导员完成鉴定手续后，作为求职推荐材料。
②准备个人求职信和简历等有关求职资料。
③毕业生参加省、市及学校举办的各类供需见面会或参加各地举办的公务员考试。
④落实接收单位的毕业生将《职业院校毕业生就业协议书》、考取公务员的接收函交回就业办上报派遣计划。
⑤继续升学的毕业生将录取通知书交到就业办。
⑥未落实接收单位的，可自愿申请暂缓就业。

⑦进行毕业前实习和准备毕业论文。

⑧填好《登记表》交给辅导员，存入毕业生档案（不能缺）。

⑨毕业典礼。

# 三、毕业生报到与改派

## （一）报到

毕业生办完离校手续，将领到《普通职业院校专科毕业生就业报到证》（以下简称《就业报到证》）、户口迁移证明、组织关系介绍信。《就业报到证》、户口迁移证明都写有明确的有效期限，必须在有效期内到《就业报到证》上指定的单位报到。逾期，《就业报到证》、户口迁移证明将失效。

1. 派遣回生源地报到的毕业生

①毕业离校前领取《就业报到证》，在规定的时间内（7月1日～7月30日）到生源所在地人事局报到，并于当年内到人事局确认其是否已收到档案，如未收到，请与学校就业办联系。

②如毕业生未按时前往办理报到手续，导致以后档案管理、使用及其他与档案有关的业务不能顺利办理，一概与学校无关。

③户口在学校的，到保卫处领取《户口迁移证》，回生源地入户。

2. 已经申请"暂缓就业"的毕业生

①妥善保管《暂缓就业协议书》，凭协议书办理相关手续，如有遗失，无法补办。

②暂缓就业期间，严格按照《暂缓就业协议书》的相关规定处理。

③申请了暂缓就业的学生，在暂缓就业两年期限内，根据协议书规定办理相关手续。需要取消暂缓就业的，凭《暂缓就业协议书》，自行到省毕业生就业指导中心办理相关手续，打印《就业报到证》。户口仍保留在学校的，凭报证复印件到学校保卫处办理《户口迁移证》。

凭《就业报到证》《户口迁移证》到接收单位或生源地人事局办理报到、入户手续。

3. 已落实接收单位（能接收档案、户口，并已签订有效的《普通职业院校毕业生就业协议书》的毕业生

①毕业当年6月初把已签订的《职业院校毕业生就业协议书》交到学校就业办，由就业办上报派遣计划。

②毕业离校前领取《就业报到证》到接收单位报到；凭《就业报到证》回户口所在地迁移户口。户口在学校的，到户籍管理部门领取《户口迁移证》到单位入户。

4. 档案查询

①回生源地报到的毕业生，请在当年内查询生源地人事局是否收到档案，如未收到，及时到就业指导中心办公室查询。

②申请了"暂缓就业"的毕业生到省就业指导中心查询。

**5. 报到证丢失**

如果《就业报到证》不慎丢失，必须补办。首先应在当地市（或市以上）级报纸登报声明你丢失《就业报到证》，应注明报到证编号，再持登有声明的报纸原件和你的《就业报到证》附件（你的档案内有），交由学校就业指导服务中心到省职业院校毕业生就业指导中心补办。

### （二）改派手续

毕业生因特殊原因要离开原报到单位到新单位工作的，需要办理改派手续，将签有原就业单位的报到证、户口迁移证明改往新的工作单位。

**1. 改派应准备的材料**

退函：原接收单位及其上级主管部门同意改派并出具的书面材料。

接收函：新接收单位出具的经其上级主管部门批准同意接收的书面材料。

毕业生本人申请改派的书面材料和原就业报到证、户口迁移证明。

**2. 改派程序**

①本省内省直属或省直属以上单位之间调整的，持退函、接收函或协议书到省人事厅毕业生分配处审批并办理改派手续。

②本省内两个地市之间调整的，持原单位所在地毕业生主管部门盖章的退函、就业报到证和接收函到接收单位所在地毕业生主管部门办理改派手续。

③跨省区调整的，退函和接收函必须经过单位所在地省级毕业生就业主管部门盖章同意，否则无效。

## 四、人事代理

### （一）人事档案与人事代理

人事档案是记录一个人的主要经历、政治面貌、品德作风等个人情况的文件材料，起着凭证、依据和参考的作用。毕业生的人事档案由学籍档案转换而来。毕业生的学籍档案是参加全国统一考试被录取的大中专院校学生的档案，它以文字资料的形式记录了高考成绩、在校学习成绩、在校期间表现、奖惩情况、家庭状况等。学生毕业后，在其学籍档案中放入该毕业生的《就业报到证》通知书联，然后由学校将档案转交毕业生就业单位的人事部门或人事代理部门。

人事代理相关服务是基于人事档案的管理实现的。人事代理是指由政府人事部门所属的人才服务中心，按照国家有关人事政策法规要求，接受单位或个人委托，在其服务项目范围内，为多种所有制经济尤其是非公有制经济单位及各类人才提供人事档案管理、职称评定、转正定级、出国政审等全方位服务，是实现人员使用与人事关系管理分离的一项人事改革新举措。如果工作单位不能接收人事档案，一定要把人事档案放到政府人事部门所属的人才服务中心委托管理。否则，必然损害其自身利益，使本应享受的上述待遇得不到应有保障。例如：在失业后将无法领取失业救济金；用档案办理社会保险也成问题；单位派你出国公干，没有人事档案，就无法进行出国政审。

### （二）人事代理的意义

①给予毕业生自由发展的空间。毕业生将人事关系、档案关系、户口落在人事代理机构不动，只和用人单位签订劳动合同，离开用人单位时，只和他们解除或终止劳动合同就可以，不需要通过人事单位办理人事关系。

②无须办理流动中的一些手续，省了很多麻烦。可以把人事代理公司作为一个中转站，即从毕业到工作、生活固定的时间里，确定好要在哪里安家了，再把人事档案和档案关系、户口转移到用人单位就可以了。

③为毕业生提供一些便利，出具相关的证明，如往届考研究生、公务员、事业编等须出具的工作证明、政审证明。

④办理了人事代理即相当参加工作，人才交流服务中心可为你提供办理集体户口、党（团）组织关系接转、实习期满转正定级、连续计算工龄等业务。对于工龄，通俗来讲，就是如果你进入机关事业单位，工龄可从你人事代理开始时间连续计算。另外，现在公务员招录要求有基层工作经验，而办理人事代理，就是你工作经验在你档案材料中的体现。

### （三）办理人事代理的注意事项

①个人办理委托人事代理，根据各自情况的不同，须向当地人才流动机构分别提交下列有关证件：

a.应聘到外地工作的，须提交委托人事代理申请、聘用合同复印件、身份证复印件、聘用单位证明信（证明其单位性质、主管部门、业务范围）等。

b.辞职、解聘人员尚未落实单位的，须提交委托人代理申请及辞职、解聘证明，身份证复印件等证件。

c.自费出国留学人员，须提交委托人事代理申请、原单位同意由人才流动机构保存人事关系的函件、出国的有关材料等。

②根据中组部和国家人事部《流动人员人事档案管理暂行规定》的明确规定，流动人员人事档案管理机构为县以上（含县）党委组织部门和政府人事行政部门所属的人才流动服务机构，其他任何单位不得擅自管理流动人员人事档案；严禁个人保管他人人事档案。

### （四）没有办理人事代理的弊端

目前，档案的作用体现在享受相关的人事、劳动、社会保障服务等方面；另外还需要档案管理部门出具相应的证明。

①影响转正和计算工龄：有很多毕业生找到工作后，没有及时办理参加工作的有关手续，几年后仍是学生身份，从而影响转正定级和工龄及退休金的计算。

②影响职称评定和工作调转：有的毕业生毕业后，档案既没提交单位，也没存入政府指定的人才服务中心，以后职称评定会因手续不全而受到影响；而有的毕业生虽在毕业后把档案存到了人才服务机构，但没有及时办理就业手续，等几年后调动工作时，才发现需要办理参加工作后的所有手续，并要在自己转正定级后才能正式调动。

③影响个人户籍档案：目前很多人开始考虑购买房屋，在银行办理房贷手续时要求出具贷款人的户口证明。然而很多弃档多年的人因为觉得档案不重要，毕业时没有及时从学校转出户口和档案，结果不能顺利办理贷款。

④影响留学人员缴社保：如今自费出国留学的人数与日俱增，许多学子海外深造归来时，却发现由于人事档案存放不当，无意间做了几年"无业人员"，给今后带来很多不便，比如，他们缴纳社会保险出现了断档。

⑤导致干部身份丢失：失业人员及很多全日制普通职业院校毕业生将档案存进街道，会导致干部身份丢失，影响职业生涯。另外，目前进入医院、学校等事业单位及户口迁入北京、上海等大中型城市都需采用干部调动的方式实现，因此干部身份很重要。

现在人才频繁流动，虽然档案的"决定性"作用在弱化，但养老保险、医疗保险、失业保险等国家强制推行的福利政策和职称评定、各种政审等，还需利用人事档案进行。即便以后国家推行了电子档案，也需要文本档案做依据。如档案丢失，将对以后的工作生活产生很大的影响。

## 五、毕业生报到时用人单位拒绝接收的处理

国家规定："经过协商落实和国家毕业生分配主管部门审批的毕业生分配计划必须认真执行，未经职业院校和用人单位双方复议并报地方主管部门批准的，学校不得随意改派毕业生，用人单位不得拒收和退回毕业生。"当遇到用人单位拒绝接收时，毕业生应主动向用人单位说明情况，不要与对方争吵，应及时与学校取得联系，由学校分清责任，按有关规定妥善处理。

若属因学校工作失误造成计划不落实，误派毕业生的，应由学校负责提出调整意见报批。由于用人单位发生重大变化（如撤并、破产、倒闭等），无接收能力的，应及时与学校协商，合理调整。若是用人单位对毕业生提出难以达到的不符合政策规定的过高要求，则不能作为拒收的理由。由于毕业生本人身体原因而提出退回的，若是学生在校期间就有传染病史、精神病史，用人单位不知道，毕业生报到时才被发现的，应允许提出退回；若是报到后才患病的，应按在职人员病假的有关规定处理。

# 第三节　签订劳动合同

## 一、劳动合同与法规

大学毕业生进入职场，将面临与学校截然不同的环境。由于目前存在着毕业生就业难的客观现实，某些用人单位动辄摆出一副居高临下的架势，无视国家法律法规，损害毕业生的合法权益。或压低劳动报酬，或不合理地加大工作指标，或不按规定给劳动者缴纳社会保险费（包括个人缴纳的养老、医疗、失业保险费和住房公积金）等。因此，学习与掌握相关法律法规，依法维护自身权益，成为每一位大学毕业生在今后的职场中畅行的必修课。

《中华人民共和国劳动合同法》（以下简称《劳动合同法》）已由中华人民共和国第十届全国人民代表大会常务委员会第二十八次会议于 2007 年 6 月 29 日通过，自 2008 年 1 月 1 日起施行。《劳动合同法》是维护劳动者合法权益的法律武器，大家求职前应该认真学习。

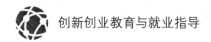

## 二、如何订立劳动合同

### （一）订立劳动合同的原则

按《劳动合同法》第三条规定：订立劳动合同，应当遵循合法、公平、平等自愿、协商一致、诚实信用的原则。依法订立的劳动合同具有约束力，用人单位与劳动者应当履行劳动合同约定的义务。

### （二）订立劳动合同的形式

按《劳动合同法》第十条规定：建立劳动关系，应当订立书面劳动合同。已建立劳动关系，未同时订立书面劳动合同的，应当自用工之日起一个月内订立书面劳动合同。用人单位与劳动者在用工前订立劳动合同的，劳动关系自用工之日起建立。

### （三）劳动合同必备的条款

按《劳动合同法》第十七条规定，劳动合同应当具备以下条款：
①用人单位的名称、住所和法定代表人或者主要负责人。
②劳动者的姓名、住址和居民身份证或者其他有效身份证件号码。
③劳动合同期限。
④工作内容和工作地点。
⑤工作时间和休息休假。
⑥劳动报酬。
⑦社会保险。
⑧劳动保护、劳动条件和职业危害防护。
⑨法律、法规规定应当纳入劳动合同的其他事项。

### （四）劳动合同的期限

按《劳动合同法》第十二条、第十三条和第十四条规定：劳动合同分为固定期限劳动合同、无固定期限劳动合同和以完成一定工作任务为期限的劳动合同。

固定期限劳动合同，是指用人单位与劳动者约定合同终止时间的劳动合同。用人单位与劳动者协商一致，可以订立固定期限劳动合同。

无固定期限劳动合同，是指用人单位与劳动者约定无确定终止时间的劳动合同。

### （五）试用期的时间限制

按《劳动合同法》第十九条规定：劳动合同期限三个月以上不满一年的，试用期不得超过一个月；劳动合同期限一年以上不满三年的，试用期不得超过两个月；三年以上固定期限和无固定期限的劳动合同，试用期不得超过六个月。

同一用人单位与同一劳动者只能约定一次试用期。

以完成一定工作任务为期限的劳动合同或者劳动合同期限不满三个月的，不得约定试用期。

试用期包含在劳动合同期限内。劳动合同仅约定试用期的，试用期不成立，该期限为劳动合同期限。

### （六）劳动报酬

按《劳动合同法》第二十条规定：劳动者试用期的工资不得低于本单位相同岗位最低档工资或者劳动合同约定工资的百分之八十，并不得低于用人单位所在地的最低工资标准。

按《劳动合同法》第十八条规定：劳动合同对劳动报酬和劳动条件等标准约定不明确，引发争议的，用人单位与劳动者可以重新协商；协商不成的，适用集体合同规定；没有集体合同或者集体合同未规定劳动报酬的，实行同工同酬；没有集体合同或者集体合同未规定劳动条件等标准的，适用国家有关规定。

### （七）劳动纪律

按《劳动合同法》第二十三条规定：用人单位与劳动者可以在劳动合同中约定保守用人单位的商业秘密和与知识产权相关的保密事项。这是劳动者必须遵循的原则。

### （八）劳动合同的解除和终止

按《劳动合同法》第三十六条、第三十七条规定：用人单位与劳动者协商一致，可以解除劳动合同。劳动者提前三十日以书面形式通知用人单位，可以解除劳动合同。劳动者在试用期内提前三日通知用人单位，可以解除劳动合同。

按《劳动合同法》第三十八条规定：用人单位有下列情形之一的，劳动者可以解除劳动合同：

①未按照劳动合同约定提供劳动保护或者劳动条件的。

②未及时足额支付劳动报酬的。

③未依法为劳动者缴纳社会保险费的。

④用人单位的规章制度违反法律、法规的规定，损害劳动者权益的。

⑤因本法第二十六条第一款规定的情形致使劳动合同无效的。

⑥法律、行政法规规定劳动者可以解除劳动合同的其他情形。

用人单位以暴力、威胁或者非法限制人身自由的手段强迫劳动者劳动的，或者用人单位违章指挥、强令冒险作业危及劳动者人身安全的，劳动者可以立即解除劳动合同，不需事先告知用人单位。

按《劳动合同法》第三十九条规定：劳动者有下列情形之一的，用人单位可以解除劳动合同：

①在试用期间被证明不符合录用条件的。

②严重违反用人单位的规章制度的。

③严重失职，营私舞弊，给用人单位造成重大损害的。

④劳动者同时与其他用人单位建立劳动关系，对完成本单位的工作任务造成严重影响，或者经用人单位提出，拒不改正的。

⑤因《劳动合同法》第二十六条第一款第一项规定的情形致使劳动合同无效的。

⑥被依法追究刑事责任的。

### （九）违反劳动合同的责任

按《劳动合同法》第二十二条、第二十三条规定：用人单位为劳动者提供专项培训费用，对其进行专业技术培训的，可以与该劳动者订立协议，约定服务期。劳动者违反服务期约定的，应当按照约定向用人单位支付违约金。违约金的数额不得超过用人单位提供的培训费用。用人单位要求劳动者支付的违约金不得超过服务期尚未履行部分所应分摊的培训费用。

用人单位与劳动者可以在劳动合同中约定保守用人单位的商业秘密和与知识产权相关的保密事项。劳动者违反竞业限制约定的，应当按照约定向用人单位支付违约金。

## 三、最低工资及劳动时间如何规定

劳动和社会保障部发布的《最低工资规定》指出，在正常情况下，用人单位应支付给劳动者的工资，除去劳动者延长工作时间的所得工资，在夜班、高温、井下、有毒等特殊条件下享受的津贴，以及法律、法规和国家规定的劳动者享受的福利待遇（包括个人缴纳的养老、医疗、失业保险费和住房公积金；伙食补贴、上下班交通费补贴、住房补贴等法律法规和国家规定的劳动者福利待遇等）外，不得低于当地最低工资标准。对于违反规定的，劳动和社会保障部门将责令用人单位按所欠工资的 1 ~ 5 倍支付劳动者赔偿金。最低工资标准一般考虑城镇居民生活费用支出、职工个人缴纳社会保险费、住房公积金、职工平均工资、失业率、经济发展水平等因素。

《劳动法》还规定："劳动者每日工作时间不得超过 8 小时，平均每周工作时间不超过 44 小时。"如果用人单位因生产经营需要，经与工会和劳动者协商后可以延长工作时间，一般每日不超过 1 小时；因特殊原因需要延长工作时间的，在保障劳动者身体健康的条件下延长工作时间每日不超过 3 小时，但是每月不超过 36 小时。也就是说，对企业违反法律、法规强迫劳动者延长工作时间的，劳动者有权拒绝。

另外，如果劳动者同意延长工作时间，用人单位必须依法向其支付不低于工资 150% 的劳动报酬，休息日支付不低于工资 200% 的劳动报酬，法定休假日则须支付不低于工资 300% 的劳动报酬。对拒不支付劳动者延长工作时间工资报酬的用人单位，劳动行政部门可责令其支付劳动者工资报酬、经济补偿，并支付赔偿金。

## 四、发生劳动争议如何处理

### （一）协商解决

劳动争议发生后，当事人就争议事项进行商量，使双方消除矛盾，找出解决争议的方法。不愿协商或者协商不成的，当事人可以并有权申请调解或仲裁。

### （二）企业调解

劳动争议发生后，当事人可以向本单位劳动争议调解委员会申请调解，企业调解达成协议的，制作调解书，双方当事人应自觉履行（此协议不具有法律约束力）；如果从当事人申请之日起三十日内未达成协议，则视为调解不成。当事人可以在规定的期限 60 至 90 天内，向劳动争议仲裁委员会申请仲裁。另外，当事人不愿调解或调解达成协议后反悔的，也可直接向仲裁委员会申请仲裁。

### （三）劳动仲裁

劳动争议一般由所在行政区域内的劳动争议仲裁委员会受理，当发生争议的单位与职工不在同一劳动争议仲裁委员会管辖地区时，由职工当事人工资关系所在地的劳动争议仲裁委员会处理。如果当事人任何一方对裁决不服，则应在收到裁决书15日内向当地人民法院起诉，期满不起诉的，裁决书即发生法律效力，当事人对发生法律效力的调解书和裁决书应当依照规定的期限履行。

### （四）法院判决

当事人不服裁决向人民法院起诉的，法院将按照民事诉讼法的有关程序进行。首先对双方当事人进行民事调解，如果双方当事人就劳动争议达成协议，法院将制定民事调解书，调解书一经送达当事人立即生效，与判决书具有同等法律效力。如果调解不成，法院应当在规定的时间内做出书面判决。原、被告任何一方对判决不服的，可在法定期限（自收到判决书起15日）内向上级人民法院提起上诉。

## 五、签订劳动合同的注意事项

劳动合同是劳动者与用人单位确立劳动关系后，明确各自权利和义务的协议，也是劳动争议发生后处理争议的重要依据。因此，在签订合同前，劳动者至少应具备以下三方面的常识：

### （一）提前准备

在劳动合同订立前7天，可以要求用人单位提供合同文本，以便对合同文本内容有充分的了解，特别是对于双方协商约定的条款，应引起高度重视。

### （二）把握内容

从合同本身出发，应清楚劳动合同的条款要包括两部分：一是法律规定的条款，包括劳动合同期限、工作内容、劳动保护条件、劳动报酬、劳动纪律、劳动合同终止的条件、违反劳动合同应负的责任共七方面的内容；二是双方认为有必要明确约定的条款应写明。

### （三）重点了解

在把握合同条款的基础上，还应该清楚了解事关自身利益的相关内容。

另外，要注意合同生效的必要条件和附加条件（如签证、登记）；合同至少一式两份，双方各执一份，妥善保管；双方在签订时如有纠纷，应通过合法方式解决。

思考：

①大学生签订就业协议时应注意的问题有哪些？

②大学生签订劳动合同时有哪些注意事项？

# 第十一章　适应社会，走向成功

## 第一节　从学生到职业人的角色转换

大学生就业之所以成为热点是因为存在社会矛盾，矛盾的焦点就是理想与现实、理论与实践的冲突。如果每个大学生清楚地知道自己具备哪些能力、未来从事的工作岗位需要什么样的素质，并有意识地进行自我培养，就能真正提升自己的能力与素质，自觉地进行从学生到职业人的迅速转换。心态决定就业准备的得失，同时决定就业实践的成败。大学生都历经了十多年寒窗苦读，智力上并不缺乏；而走向社会后对一些现实问题需要用身心去理解。关键性的问题是学生该以什么样的心态过渡成职业人。

### 一、从学生到职业人是一种社会角色的重要转换

从学生到职业人的核心是从"要"到"给"的转变，是从"索取"到"贡献"的转变。学生时代因为父母的付出，学生可以从家里"要"到宠爱与照顾；因为老师的付出，学生可以从学校里"要"到知识与技能；因为社会的付出、国家的付出，学生可在社会中"要"到社会的资助与培养。

学生在学校里，考试成绩不好不会给班级和学校造成经济损失，会有补考的机会；如果和同学不能相处融洽，仍然可以保持自己的个性，孤芳自赏；如果不喜欢某个老师，可以不去听他的课，可以期盼着下学期换另一个老师；迟到、旷课只是耽误自己的学习，与其他同学没有多大的关系。总之，校园里的学生是"骄子"，是全社会培养的对象，享受着各种优惠的待遇。

然而，大学毕业生从校园走上社会成为职业人，如果工作出现失误，会造成重大的经济损失，没有挽回的机会；如果与同事关系不好，会被组织认为没有团队合作精神，将成为出局的人；如果迟到、旷工，耽误的是整个团队的业绩，随时有被开除的可能；作为职业人，在单位里其必须成为社会、企业或老板财富的创造者。

学生要转换成职业人，必须先"给"，否则就什么也"要"不到。将"索取"的心态变成"贡献"的心态，是成为职业人的关键。从企业的角度来说，企业对人的判断有两个要求：一个叫作潜力，看你未来成长的空间；一个叫作贡献，看你的加入对这个团队能够产生什么样的价值。作为职业人，应考虑自己能为单位带来什么、自己能为企业创造什么，而不应该首先去想单位、企业或老板应该给自己什么样的回报。只有既能为企业或老板带来实际的贡献，又能有可持续的发展，这样的员工才是最受欢迎的。

## 二、学生与职业人的根本区别

一是承担的责任不同。学生是以学习、探索为主要任务的，在校园里不怕犯错误，什么事情都可以去尝试，为了学习的尝试哪怕是错了，学校也会原谅你。所以要是给学生一个简单的角色定位，那就是你可以做错，你做错了不用承担过多的社会责任，因为学生有天然的获免权。学生最快乐的事就是有依靠，在学习方面可以依靠导师，有什么问题都可以向他请教；在生活上有什么困难都可以依靠父母。总之，学生在学校里基本没有心理负担。

学生成为一个职业人以后，应尽快地适应社会。首先必须学会服从领导和管理，迅速适应上级的管理风格；职业人如果在工作中犯了错误，就要承担成本和风险的责任，承担相应的社会责任。实践表明，凡由学生到职业人的社会角色转换比较快的人，则容易更早地获得单位的认可，能更快地寻找到新的起点，也就更容易享受到事业成功和生活幸福的喜悦。因此，大学毕业生应正确面对社会，正确处理工作与人际关系上的诸多矛盾，克服各种心理障碍，培养良好的适应能力，尽快适应环境，迈出成功的第一步。

二是面对的环境不同。学生在校园里是寝室—教室—图书馆—食堂四点一线的简单而安静的生活方式。但成为职业人后，在紧张的职场上，面临的是快速而紧张的生活节奏；没有了寒暑假，自由支配的时间少；还要适应不同地域的生活环境和习惯。由于缺乏实际工作经验，学生开始工作时往往不能得心应手，感觉工作压力显著增加，给心理造成很大的负担。

三是人际关系复杂，处理好人际关系是每一个大学毕业生走上社会后必须学会的课题。刚步入社会时学生的思想还比较单纯，社会上的人际关系相对于学校中的同学关系要复杂得多，学生一时感觉不适应。事实上，不同的环境对人的影响和要求也不同。

四是面对不同的文化环境。在大学里，学生的学习时间可弹性安排，少许逃课没人管，有较长的节假休息日，教学大纲提供清晰的学习任务；学术上多鼓励师生讨论甚至争论；作业可以在规定的时间内完成；老师公平对待每一个学生。

在单位里，规定了上下班时间，不能迟到早退，经常加班加点，节假日很少，工作任务既急又重；老板通常对讨论不感兴趣，多数老板比较独断；老板待职工不一定很公平；一切以经济利益为导向，要完成上司或老板交给的实实在在的工作任务等。

总之，学生找工作难，找到工作后做好工作不容易，工作成果能让上司、老板满意更不容易。因此，学生应充分认识学生与职业人的根本区别，重视进入职场后的角色转换。

## 三、适应新环境

许多毕业生走上工作岗位以后，产生对新环境的诸多不适应。主要表现在心理上、生活上、工作上、人际关系上和工作技能上的不适应。任何人对环境都有一个适应过程，怎样尽快适应新环境呢？

### （一）要有良好的心态和心理承受力

社会与学校相比，生活环境、工作条件、人际关系都有着很大的变化，这难免使那些心存幻想、踌躇满志的毕业生的心理产生强烈的反差与冲突。学生血气方刚，热情奔放，希望自己处处出色，却总是不能与周围人产生共鸣，不受重用，甚至遭排斥，倍感失落、郁闷。这时，具备良好的心态和心理承受能力是第一位的，要抱着谦虚好学的态度，从基础做起，逐步争取领导和同事的认可，才是成功的开始。

### （二）增强独立生活的能力

过去学生经济上靠父母资助，生活上有学校管理，学业上有老师指教；参加工作后，学生往往要自己处理衣、食、住、行等全部事务，一切靠自理、自立，这是毕业生无法回避的一种能力训练。要学会主动调节生活节奏，养成良好的生活习惯，合理安排自己的业余生活，才能适应新环境。

### （三）建立良好的人际关系

走上工作岗位后，人际交往能力的发挥是适应环境的关键。应放下架子去和周围的同事、领导交流思想感情，热心地去和他们交朋友。不善于与人交往，难以沟通，难免会将自己封闭起来，以致带来诸多烦恼与痛苦。

### （四）培养应对挫折的能力

受挫折者胜，逆境成才者大有人在。不要怕受挫折甚至讥笑。很多时候都是自己同自己过不去，画地为牢，缚住手脚。水至清则无鱼，人至察则无徒，也许上级领导并非你所想象得那样难相处，把别人的"严厉""难处"当成催化剂，不要偏激地当成一种刁难，或许领导和同事都默默地关注着你，期待着你的成功。

受了挫折怎么办？怨天尤人没有用，自暴自弃只会雪上加霜。最好的办法莫过于静下心来反思，从挫折中吸取经验和教训，今后少走弯路。

### （五）增强角色意识

社会好比一个大舞台，每个人都有自己的角色位置。毕业生进入新单位后，首先应认清自己在工作环境中所承担的工作角色以及这个角色的性质、职责范围，弄清楚工作关系中上级赋予自己的职权和自己承担的义务。如果角色意识淡漠，一意孤行，我行我素，该请示的擅作主张，该自己处理的事情不敢作主或推给上司、同事，势必与新环境格格不入。

### （六）努力成为"复合型人才"

刚步入社会的职业人，一般要经历新鲜兴奋—观察思考—协调发展这样一个变化过程。学校培养的是专门人才，而实际工作中碰到的问题往往是综合性的，涉及各学科、多领域的知识。社会需要的是"复合型人才"，因此，要使自己胜任工作、适应环境，只有随时调整自己的知识、能力结构和思想行为方式，才能不因工作中出现困难而止步不前。因为社会不仅看学历和文凭，更看重能力。

## 四、角色转换的注意事项

### （一）毕业生应改变"天之骄子"的想法，改变学生的那份清高

毕业生刚迈入工作岗位应本着一切从零开始的态度，牢记"三人行，必有我师焉"，虚心向自己的同事学习工作经验，尽快熟悉自己工作岗位的种种业务知识，结合实际工作

将自己所学的知识灵活运用，这样才会发现工作的真正乐趣，这个过程是个充满挑战的过程，也是毕业生角色转换必须经历的重要一步。这期间毕业生要坚定自己的信心，完全摒弃大学时代的那种无忧无虑的自由角色。

### （二）毕业生要学会适应新的工作环境，妥善处理工作中的人际关系

走出校门，离开熟悉的校园、老师、同学、朋友，甚至远离家乡、父母，来到一个陌生的环境，面对新的人群，多数毕业生会有一种陌生感、孤独感，个别人还会有一种无所适从感，这时往往表现为毕业生与同事缺乏沟通、关系生疏，而老同事们则感觉毕业生"清高"不愿与之交谈，久而久之就在无形之中与周围的同事之间筑成了一道无形"屏障"，这对于毕业生以后开展工作是非常不利的。

毕业生到一个新的工作岗位之后，要充分认识到新的环境、新的岗位就是自己成才的舞台，应本着实事求是、诚心待人的态度与人沟通交往，缩短与周围同事之间的距离。在自己受到委屈或被误解时，胸怀大度，克制感情，冷静处理，工作中出现错误时，应主动承担责任。这样人际关系搞好了，在工作、生活各方面，同事和领导都会给予积极的帮助，这对自身的成长大有裨益。

### （三）毕业生要不断学习、锐意进取，高标准要求自己，用工作成绩赢得同事的认可

毕业生刚离开校园踏上工作岗位，从学生转换成职业人，往往开始会忽视学习，感觉自己是职业人了不需要再学习了，这是非常不可取的。大学生要锻炼成才，还需要在社会这个大熔炉里锻造，只有不断探索新的方法，才能保证自己适应瞬息万变的社会。通过学习，掌握更多的知识和技能，以优秀的表现赢得同事和领导的认可和信任，这对于毕业生从"大学生"到"职业人"转变也是至关重要的。

总之，初涉职场的大学毕业生，只有充分认识自己，知道自己的优点与缺点、优势与劣势、所适与所不适，在这样一段特殊的转换时期保持一颗学习上进的心，完成角色的转变其实并不难。

# 第二节　职业人的必备职业素质

## 一、职业素质的含义

职业素质，简单来说，就是指一个人在职业活动中所体现的职业技能、职业道德、职业精神等。对任何企业和个人来说，职业素质的意义都十分重要。一个人，要是缺乏良好的职业素质，那么他就不可能取得突出的工作业绩；而一个企业，要是没有一支职业素质过硬的员工队伍，就不可能在激烈的市场竞争中占有一席之地：一个国家，要是全体国民的职业素质跟不上世界平均水平，那么这个国家的经济就停滞不前，处处被动。因此，刚刚进入职场的大学毕业生，必须培养良好的职业素质，才能尽快转换成一个受企业欢迎的职业人。

下面通过侯树人讲述的在德国经历的一件令人终生难忘的小事，看看德国人的职业素质。

侯树人先生说：那时我在德国汉堡租了一套公寓。一个星期六，我发现洗手间的屋顶有点滴水珠，小水珠从顶上慢慢地滴落。由于是周末，租房公司没人上班，我只好打电话到值班室，想请他们星期一上班尽早派人来修理。但值班人员认真得可爱，赶紧找了周末应该发双倍工资的修房公司来现场检查。检查结果可能是楼上住户的浴缸破漏，有水渗过地板。不巧的是周末楼上的人家外出，无法开门检查，修理工只好临时决定请开锁公司来开锁。而专门为人开锁的公司有条规定，开他人住房必须有警察在场，所以这位修理工先报警，再找到开锁公司。没料到警察为了慎重起见，还另外请调了消防队的一辆消防车，以免开锁公司耽误过长时间仍不能开门时，消防队员便可以登梯越窗而入。

看他们如此兴师动众，我有些于心不忍，问道：难道不可以关一关自来水的闸门？他说，那不行的，那要影响与你共用一根管子的另外两位住户洗手间的用水，绝对是不允许的。说话间，警车飞驰而到，消防车紧随其后，上面的警员全副装备，如临大敌。租房公司、修理公司、开锁公司的人员协调行动，一阵忙乎，水珠很快消失了……

事后据保守的估计，租房公司为这几滴水珠付出的直接费用近千马克，大约相当于我付给该公司的一个月的房租。

德国人的职业素质可见一斑。

每一个人职业素质的形成都与其职业意识、职业道德和职业形象紧密相关。

## 二、职业意识

职业意识是职业道德、职业操守、职业行为等职业要素的总和。职业意识是约定俗成、师承父传的。职业意识是用法律、法规、行业自律、规章制度、企业条文来体现的，它是每一个人从事工作的根本，也是必须牢记的。

### （一）职业意识的根本是敬业精神

宋朝朱熹说，"敬业"就是"专心致志以事其业"。即用一种恭敬严肃的态度对待自己的工作，认真负责，一心一意，任劳任怨，精益求精。敬业是心甘情愿地做出必要的自我牺牲。

敬业精神是个体以明确的目标选择、朴素的价值观、忘我投入的志趣、认真负责的态度从事自己的工作时表现出的个人品质。敬业精神是做好本职工作的重要前提和可靠保障。

### （二）职业意识的内涵

#### 1.诚信意识

古人曰，人无信不立，人而无信，不知其何。市场经济是信用经济，一个企业、一个职业人，其市场信誉是可以用价值（金钱）来度量的（信誉度），名牌、品牌可以作为无形资产。

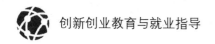

**2. 顾客意识**

大家都明白一句话,顾客是上帝,心术不正者往往把上帝作为宰上一刀的对象。顾客是商品的接受者、选择者、购买的决定者。顾客是商家的衣食父母,对待顾客的态度,实质上就是对待自己"饭碗"的态度。

**3. 团队意识**

一个企业就是一个独立的社会经营团队,是由我们所有员工所组成的一个利益共同体,它既由我们大家来维护、创造,又给每个人带来了经济利益与精神生活。应维护团队的声誉和利益,不说诋毁团队的话,不做损害团队的事,保守团队的商业秘密,积极主动地做好团队中自己的工作,及时提出有利于企业发展的合理化建议。尊重和服从领导,关心与爱护同事。

**4. 自律意识**

分清职业与业余的不同,从而在扮演职业角色时,能够克制自己的偏好,克服自己的弱点,约束自己的行为。

**5. 学习意识**

随着时代的进步、社会的发展,新的知识不断出现。每个人要想使自己有所成就,只有具备良好的学习心态、意识,不断充电、吸氧、与时俱进,才能保证自己跟上时代步伐,才有可能实现人生价值、取得职业生涯的成功。还要善于学习,提高学习的兴趣与学习的技巧能力、速度、效率,培养优秀的学习敏感性和直觉意识。在大千世界中,在知识爆炸的当今社会,准确、及时、快速地吸取职业发展所需的知识,是每一位追求成功者的基本功。

# 三、职业道德

## (一)职业道德的含义

职业道德是指从事一定职业的人,在工作和劳动过程中所应遵循的与其职业活动紧密联系的道德原则和规范的总和。职业道德是整个社会道德体系中的重要组成部分,是社会主义道德准则在职业生活中的具体体现。

随着人类社会的进步与发展,社会分工越来越细,各种职业日益繁多,人与人的职业关系也越来越密切,同时也产生了不同行业的职业道德规范,调节着人们的利益关系。为什么各行各业都必须有自己的职业道德规范呢?这是因为各行各业的职业活动都有自己的客观规律,为维护不同行业的正常运行,维护行业的生存和发展,就必须有体现不同行业内容的职业道德规范。如教师的"为人师表"、医生的"救死扶伤"、公务员的"公正廉洁"、商人的"货真价实"等职业道德。

## (二)各行业职业道德要求

### 1. 国家公务员的职业道德

现在,国家公务员的职业道德建设正在走向规范化,从传统上讲,它依然属于党政干部职业道德范畴,但某些方面已经具有自己的特色。

第一,国家公务人员直接从事国家某项公务活动,其行为代表国家的法律条例,因而公务员的职业道德首先就是强烈的责任感和法律意识。

第二，必须具备与其承担的公务活动相适应的知识和素质，才能保证良好地处理和解决公务活动中遇到的问题，保持高效率。

第三，要有严格的党性意识和政策水平，不徇私舞弊，把国家赋予的权力与为人民服务的宗旨统一起来。

### 2. 会计人员的职业道德

会计职业道德，就是会计人员在会计事务中正确处理人与人之间经济关系的行为规范总和，即会计人员从事会计工作应遵循的道德标准。"不做假账"是会计从业人员基本的职业道德和行为准则。这也就是说，会计行业本身的性质决定了所有会计人员必须以诚信为本，操守为重，遵循准则，不做假账，保证会计信息的真实、可靠。正因为会计行业有诚信、真实、可靠的职业本质，才获得社会的信赖与赞誉。

### 3. 新闻记者的职业道德

新闻记者应忠诚于党的新闻事业，敬业奉献，树立良好的公众形象，忠诚于党，取信于民；树立正确的人生观、世界观、价值观，牢记新闻工作为人民服务、为社会主义服务、为经济建设中心工作服务的宗旨，爱岗敬业、诚实公正、不说假话、不搞假新闻；与法官一样公正，说真话，反映现实，清正廉洁，求实创新，把全部的精力用到工作上，多出好作品，满足人民群众对新闻信息的需求。

### 4. 秘书的职业道德

秘书的工作内容是上传下达，撰写公文，为领导或单位办事。因此，秘书的职业道德也可以从他的言德、书德和行德中得到充分的体现。秘书的言德、书德、行德概括如下：

言德。能直陈己见，实话实说，而且言之有物，言之有据，言之有理，言而有信；不言过其实和阿谀奉承。

书德。能秉笔直书，实事求是，有喜报喜，有忧报忧。不做表面文章，不搞文字游戏，不矫揉造作，不粉饰太平。

行德。能令行禁止，有行必果，办事扎实，待人诚实，为人朴实，谦虚恭谨，礼让客气，自尊、自爱、自重，甘当配角，甘作绿叶，勇于奉献，淡泊名利。

简言之，秘书的职业道德就是：勇于奉献，淡泊名利，直陈己见，实事求是。

### 5. 教师的职业道德

良好的职业道德是一个教师做好教育教学工作的先决条件，也是教师本人不断进取、赢得成功的力量所在。

第一，热爱事业是师德的核心。热爱教育事业，有高度的责任感和强烈的事业心，自觉地摒弃旧的教育思想和落后的教学方法，树立正确的教育观念，甘于平凡，乐于在艰苦的岗位上无私地奉献自己的聪明才智和毕生精力。

第二，尊重学生是师德的灵魂。我国著名教育家陶行知先生有句名言："你的教鞭下有瓦特，你的冷眼里有牛顿，你的讥讽中有爱迪生。"苏联教育家马卡连柯也说过："我的基本原则永远是尽量多地要求一个人，也要尽可能地尊重一个人。"对学生有教无类，没有亲疏远近，不偏爱，更不歧视。

第三，为人师表是师德的基础。作为理想道德和知识的传播者，教师必须有正确的信仰、高尚的品德和丰富的知识。处处规范自己的言行，事事做学生的榜样。以大方的仪表、端庄的举止、亲切的态度、文明的语言和良好的审美素养等，形成一种无声无形的教育动力，去感召学生、启迪学生，最终达到为人师表、教书育人的目的。

第四，不断进取是师德的生命。树立起"终身学习""永远探索"的思想，在教育实践中，潜心学习理论、运用理论，还要像人民教育家陶行知先生说的那样，争做"创新之神"，为教育事业不停攀登，终生奋斗。

### 6. 律师的职业道德

律师应当忠于宪法和法律，坚持以事实为根据，以法律为准绳，严格依法执业。律师应当忠于职守，坚持原则，维护国家法律与社会正义。诚实守信，勤勉尽责，尽职尽责地维护委托人的合法利益。敬业勤业，努力钻研业务，模范遵守社会公德，严守国家机密，保守委托人的商业秘密及委托人的隐私。尊重同行，公平竞争，共同提高执业水平。自觉履行法律援助义务，为受援人提供法律帮助。依法取证，不伪造证据。

### 7. 医务人员的职业道德

第一，热爱本职工作，关心病人的疾苦，救死扶伤，维护人民的生命，增进人民的健康，将同疾病做斗争作为自己崇高的职责。

第二，钻研医务技术，对技术精益求精，勇于攻克疑难病症，积极进行革新创造，不断拓宽医学新领域。

第三，对工作极端负责任，对病人极端热情，一视同仁，努力消除病人的痛苦，养成严谨细致的医疗作风，平等待人。

第四，服务细致，谨慎周到，一丝不苟，诊断准确无误，勇敢果断，敢于负责。

第五，保守病人病情"秘密"，举止文雅，端庄可亲，不利用工作之便，侵犯病人权利。加强医德修养，更好地为人民的健康服务。

## 四、职业形象

大学毕业生带着各自的理想和抱负走上工作岗位，成为职业人，在纷繁的社会，开始建功立业，走向成功。但要真正如愿以偿，却有很多需要注意的环节，特别要注意自己的职业形象。

### （一）职业形象概述

职业形象是社会公众对职业人的感受和评价，职业人从事职业活动时的形象就是职业形象。一个职业人的职业形象是公众对他的着装、气质、言谈、举止、敬业精神、乐观自信等外在形象和内在涵养的综合印象。良好的职业形象不仅能够提升个人品牌价值，而且还能增强自己的职业自信心。

### （二）职业化人才必备的素质

已经进入职场的大学毕业生，尽快转换成职业化人才是当务之急。大学毕业生职业化的程度决定了他未来的发展，是否具备职业化的意识和职业化的技能、知识，直接决定了其发展的潜力和成功的可能。

大学毕业生走上工作岗位，要成为一个现代化的人才，必须紧跟时代步伐，用最新的理念和技能武装自己，以在激烈的人才竞争中获得一席之地，并能很快脱颖而出，获得更多的发展机会和更大的发展前途。

著名国际战略管理专家林正大先生认为，一个职业化的人才必须具备五项素质，分别是动机、知识、行动、技能和良好的习惯，这五项技能的英文首字母的组合为 MKSAH，即所谓的职业化人才的 "MKSAH 原则"。

他将这五项必备素质比喻为一个车轮，象征车轮带动人才滚滚向前之意。

M，即 Motivation（动机）。动机就像车轮的轴心，处于核心地位，动机的大小和强弱决定了车轮的运转速度和运行状况，积极心态影响下的动机会加速车轮的运转，同样可以加速人才的成功与成长。反之，消极心态影响下的动机则对人才的成长不利，不但不利于人才的成长，反而起到了很大的破坏作用。所以我们必须正确认识动机对我们成功的激励性作用，积极调整自己的心态，以积极的心态面对工作和挑战，不断激励与超越自我，实现我们的目标和远景。其余的 4 项素质就像车轮的 4 根撑条，支持车轮的运转。

K，即 Knowledge（知识）。做任何一项工作，首先要具备的就是应对那份工作的专业知识，要做好这项工作还得具备与其相关的其他知识，以形成自己的知识体系，支持工作的开展。我们说职业化的人才必须具备专业化知识，做管理的懂管理知识，做财务的懂财务知识，做营销的懂营销知识，没有专业化的知识，无论如何也无法做到职业化，也就无法在激烈的竞争中得到认可，更谈不上发展进取。所以专业化的知识很重要。

S，即 Skill（技能）。技能是支持人才开展工作的必要手段，只有知识，没有技能，也是寸步难行，试想，一个管理人员不具备沟通的技能，怎么与人沟通，怎么开展工作？没有人际交往技能，怎么与同事合作，怎么管理下属？这些都是我们必须掌握的基本技能，当然还有许多更高层次的技能需要掌握，要看我们做什么工作。技能的锻炼应该提高到与知识同等的高度，并得到高度重视，才可能将知识转化为力量、转化为效益。

A，即 Action（行动）。具备了良好的动机、专业化的知识、熟练的技能水平是不是就可以了呢？不是。接下来一个重要的素质就是行动的能力。有的人方方面面都比较优秀，知识水平很高，能力很强，可就是做不出出色的工作业绩。原因就在于行动能力欠缺。汤姆·得彼斯说过：快速制订计划并采取行动应该成为一种修养。要想成为一个职业化的人才，就必须改掉犹豫不决、瞻前顾后、拖拖拉拉的办事作风，在自己认准的事情上认认真真地采取行动，用行动来证明一切，而不是自己的惯性的假想。

H，即 Habit（习惯）。习惯决定命运，这句话一点都不夸张。职业化的人才必须具备良好的习惯，无论是生活还是工作，都要时刻注意自己的习惯，改掉曾经的不好的习惯，慢慢养成职业化的行为习惯。良好的习惯给人美的印象和感觉，能在一定程度上帮助你成功。具备以上五项素质的大学毕业生就像是加满了油的汽车，有使不完的劲，朝着成功的方向前进！

思考：

①大学生角色与职业人角色有什么区别？

②什么是职业道德？

③谈谈你对职业化人才必备素质的理解。

# 参考文献

[1] 董刚，贾安东. 创业进行时：重庆市大学生创业典型案例集 [M]. 重庆：重庆大学出版社，2015.

[2] 杜映梅. 职业生涯管理 [M]. 北京：中国发展出版社，2006.

[3] 郭庆，张业平. 大学生职业生涯导引 [M]. 长春：吉林大学出版社，2012.

[4] 黄海荣. 大学生创新创业教育指导 [M]. 上海：上海交通大学出版社，2016.

[5] 季跃东. 创新创业思维拓展与技能训练 [M]. 北京：科学出版社，2012.

[6] 姜纳新. 大学生就业指导 [M]. 北京：中国传媒大学出版社，2006.

[7] 焦金雷. 大学生就业与创业指导 [M]. 西安：西安交通大学出版社，2018.

[8] 柳建营，许德宽，郭宝亮. 职业生涯规划与指导 [M]. 北京：北京工业大学出版社，2004.

[9] 林夕宝，王传明. 大学生就业指导 [M]. 北京：北京理工大学出版社，2006.

[10] 赵北平，雷五明. 大学生职业生涯规划与职业发展 [M]. 武汉：武汉大学出版社，2006.

[11] 张继栋. 放飞的故事：大学生就业案例分析 [M]. 北京：高等教育出版社，2002.

[12] 黄希庭，郑涌. 当代中国大学生心理特点与教育 [M]. 上海：上海教育出版社，1999.

[13] 别业舫，张惠兰，陈明金. 择业与创业：当代大学生就业教育的理论与实践 [M]. 北京：北京大学出版社，2005.

[14] 樊富珉，林永和，王建中. 大学生心理素质教程 [M]. 北京：北京出版社，2002.

[15] 武正林. 职业道德与就业创业指导 [M]. 苏州：苏州大学出版社，2008.

[16] 皮连生. 教育心理学 [M]. 4 版. 上海：上海教育出版社，2011.

[17] 黄莉萍. 大学生就业指导：指引人生 导航职场 [M]. 上海：同济大学出版社，2009.

[18] 潘友梅，徐贵权. 当代大学生社会适应的扫描与透视 [J]. 教育探索，2006（08）：31-33.

[19] 袁纲. 大学生就业心理分析 [J]. 思想教育研究，2004（04）：39-40.